WALTHER HUBATSCH

GRUNDLINIEN PREUSSISCHER GESCHICHTE

Wolfgang Kanert

18. Oktober 1997

WALTHER HUBATSCH

GRUNDLINIEN PREUSSISCHER GESCHICHTE

Königtum und Staatsgestaltung 1701–1871

WISSENSCHAFTLICHE BUCHGESELLSCHAFT
DARMSTADT

1. Auflage 1983
2., durchgesehene Auflage 1985

Einbandbild: Allegorie auf die Krönung Friedrichs I.
zum ersten König Preußens in Königsberg 1701
(Titelseite zum Huldigungsgedicht des Berliner Schutzjuden Wollf Brandes).
Orig.: Geheimes Staatsarchiv, Berlin.
Foto: Bildarchiv Preußischer Kulturbesitz, Berlin.

CIP-Titelaufnahme der Deutschen Bibliothek

Hubatsch, Walther:
Grundlinien preußischer Geschichte: Königtum u.
Staatsgestaltung 1701–1871 / Walther Hubatsch. –
3., unveränd. Aufl. – Darmstadt: Wiss. Buchges., 1988
(WB-Forum; 24)
ISBN 3-534-80034-6
NE: GT

3. Auflage 1988

Satz: Maschinensetzerei Janß, Pfungstadt
Druck und Einband: Wissenschaftliche Buchgesellschaft, Darmstadt
Printed in Germany
Schrift: Linotype Garamond, 9/11

ISBN 3-534-80034-6

Es geht mit Geschichtswerken wie mit Gewässern, die erst da Bedeutung gewinnen, wo sie schiffbar werden. –
Tatsachen wollen wir sehen, Tatsachen von Belang, Dinge, die imstande sind, die Aufmerksamkeit vernünftiger Leute zu fesseln.

Friedrich der Große
(Denkwürdigkeiten zur Geschichte des Hauses Brandenburg. 1751)

INHALT

VORWORT

Die Geschichte Preußens auf die Grundlinien zusammenzufassen, bedeutet eine notwendige Straffung hinsichtlich der zeitlichen Erstreckung wie der inhaltlichen Thematik. Preußen ohne Mythos und Legende, ohne Glanz und Gloria sind Schlagworte, die eine heute unverkennbare Preußen-Renaissance begleiten. Darin liegt die berechtigte Forderung zur versachlichenden Aussage, die indessen im Bereich der Forschung grundsätzlich nicht strittig gewesen ist. Dem Preußenaar den 'Nimbus' zu nehmen, ist schon deshalb undurchführbar, weil er ihn heraldisch (im Gegensatz zu anderen europäischen Staatswappen) niemals geführt hat. Ebensowenig sind die heute viel zitierten preußischen Untugenden wie die einst katalogmäßig aufgezählten preußischen Tugenden zum tragenden Gerüst der Darstellung eines Staates oder einer Bevölkerungsgruppe zu gebrauchen, als ob es die einen wie die anderen sonst nirgends auf der Welt gegeben hätte. An die Stelle der Ausschmückung oder der Absage hat die Aussage zu treten. Hier ist von Preußen und nicht über Preußen zu sprechen.

Diese Aussage wird sich auf das zu vereinigen haben, was an geschichtlich bleibender Wirkung von Preußen ausgegangen ist. Das ist nicht ausschließlich die Geschichte seiner Könige als Herrscherpersönlichkeiten, zumal diese in ihrer Abfolge sehr verschiedenartige Charaktere höchst unterschiedlicher Bedeutung aufweisen. Zunächst ist der Staat in seiner räumlichen Erstreckung vorzustellen; man sollte wissen, was zu Preußen territorial gehörte. Die naturgegebenen Mittel des Landes, die Zusammensetzung und Veränderung seiner Bevölkerung, deren Lebenswille und Gemeinschaftsleistung lassen von Anfang an eine bemerkenswerte Richtung auf den Staat hin erkennen, dessen Bewahrung und Vermehrung das Ziel aller Anstrengungen wird. Die preußische Geschichte ist deshalb nach Wille und Wirkung wesentlich eine politische Geschichte. Nicht daß die anderen Lebensgebiete fehlen, doch sind sie der erwähnten Zielrichtung nachgeordnet, ohne daß sie deshalb verkümmern mußten. Das fordernde Symbol zur Bündelung aller Kräfte war die Krone; nicht der Träger derselben, sondern die Institution des 'Königs von Preußen', der sich der Monarch ebenso verpflichtet fühlte, wie es von jedem Staatsbürger erwartet wurde. Der Anspruch auf Souveränität war die erste Voraussetzung für eine eigene – damit spezifisch preußische Staatsgestaltung. Das war über ein Kurfürstentum nicht erreichbar, woraus vor den Hohenzollern schon die Wettiner und fast gleichzeitig die Welfen die Folgerungen gezogen hatten. Mit der Erwerbung der Königskrone und der Übernahme des Namens und Wappens von Preußen beginnt am 18. Januar 1701 die Geschichte des preußischen Staates. Die Hervorwölbung aus dem Reich endet mit dem Einbringen des größten deutschen Staates in das Reich am 18. Januar 1871. Innerhalb dieses Bogens von 170 Jahren, mit Rückblenden und Ausblick wird es möglich sein, auf knappem Raum das Kernstück der Geschichte des souveränen preußischen Staates zur Anschauung zu bringen.

I. DAS PREUSSISCHE KÖNIGTUM ALS INSTITUTION UND AUFGABE

Am Morgen des 18. Januar 1701 läuteten die Glocken aller Kirchen in Königsberg in Preußen die feierliche Zeremonie ein, durch die der Kurfürst Friedrich III. von Brandenburg sich die Königswürde beilegte. Mit dem königlichen Ornat bekleidet, setzte sich im Audienzsaal des alten Ordensschlosses der Kurfürst vor den versammelten Ständen selbst die Krone auf, ergriff das Zepter und schritt mit dem Hofstaat zum Gemach seiner Gemahlin, um sie zu krönen. Dann ging der Zug zur Schloßkirche, wo die Krönungsbischöfe, je einer der reformierten und der lutherischen Konfession zugehörig, König und Königin nach der für die Feier festgelegten kirchlichen Ordnung an Stirn und Händen salbten. Mit allem barocken Pomp und unter lebhafter Teilnahme der Bevölkerung wurde ausgerufen, daß nunmehr alle bisher brandenburgischen Lande zu einem Königreich Preußen zusammengeschlossen sind und der Monarch unter dem Namen Friedrich I. sich zum Zeichen seiner ungeteilten Souveränität die Krone eigenhändig aufgesetzt habe.

Diese Standeserhebung des Hohenzollernhauses war nicht die erste im Heiligen Römischen Reich deutscher Nation. Von den vier weltlichen Kurfürsten war nach den Bestimmungen des Königswahlgesetzes von 1356, der 'Goldenen Bulle' Kaiser Karls IV., dem König von Böhmen der höchste Rang beizumessen. 1697 hatte der Kurfürst von Sachsen als August II. die polnische Königskrone erworben, den Königstitel auch für die sächsischen Erblande eingeführt und seinem Sohn sichern können. Das Fürstentum Calenberg-Hannover hatte 1658 durch die Heirat des Herzogs Ernst August mit Sophie von der Pfalz, einer Enkelin König Jakobs I. von England, dem Welfenhause die Anwartschaft auf die Thronfolge in England eingebracht, die 1714 eintrat; vorher (1692) schon war die Verleihung der neunten Kurwürde des Reiches durchgesetzt worden.

Der Entschluß zur Annahme der Königswürde für Brandenburg steht demnach in Verbindung mit ähnlichen Erwerbungen der Wettiner und Welfen und setzt die Bestrebungen nach erhöhter Eigenständigkeit im Reich fort, zumal auch das Haus Habsburg gerade in dieser Zeit durch die Taten des Prinzen Eugen außerhalb des Reichsgebiets ansehnliche Territorien erwirbt und an Macht und Ansehen wächst. Dennoch hat es nicht an bedenklichen Stimmen gefehlt, die vor einem Titularkönigtum warnten, weil Ansprüche angemeldet wurden, denen der verhältnismäßig kleine und schwache Staat noch lange nicht gewachsen sein konnte. Die Kritik des Enkels des Gekrönten an diesem Schritt ist sachlich nicht unberechtigt; sie bot aber dem zweiten Friedrich die Rechtfertigung, Preußen jene Größenordnung zu verschaffen, die einem souveränen Königtum mit europäischer Geltung erst angemessen war und an die zu denken der erste Friedrich noch nicht gewagt haben würde. In diese Richtung gingen bereits die Vorbehalte, die von benachbarter welfischer Seite dem neuen Rang entgegengestellt wurden. Die neue preußische Königin Sophie Charlotte, die dem Welfenhause entstammte, hat der Standeserhöhung zeitweise heftigen Widerstand zu leisten gesucht, mitbedingt durch die vergleichsweise zweitrangige Stellung, in die sich das benachbarte, eben erst zum Kurstaat aufgestiegene, aber darin noch nicht bestätigte Hannover nunmehr verwiesen sah. Sachsen fühlte sich in sicherer Gewißheit seines bedeutenden Besitzstandes weniger beeinträchtigt, wußte sich in seinem Königtum eher bestätigt und hegte weitere ehrgeizige Pläne, die es allerdings gerade um die Jahrhundertwende zunehmend in Kriegshändel verstrickten; dadurch sah sich Sachsen auf seine nächstliegenden Probleme beschränkt. Preußen hatte sich vertraglich verpflichtet, für die hannoversche Kur einzutreten, die 1708 endlich erreicht wurde. Mit der Thronbesteigung der Hannoveraner in England 1714 verflog hier der letzte Rest an Mißgunst. An der Elbe und an der Leine war man nicht weniger ehrgeizig als an der Spree, und so sind es die drei norddeutschen Königtümer gewesen, welche die Geschicke Norddeutschlands mit- und gegeneinander im 18. und 19. Jahrhundert entscheidend bestimmt haben.

Sosehr Friedrich I. schon durch den Krönungsakt die ungeteilte Souveränität zum Ausdruck bringen wollte und er es unverzüglich und widerspruchslos durchsetzte, daß die königliche Würde für sein gesamtes Herrschaftsgebiet ohne Ausnahme zu gelten hatte, so lag ihm doch selbständiges außenpolitisches Handeln völlig fern. Von den Söhnen des Großen Kurfürsten aus erster Ehe hatte nur er den Vater überlebt, von dessen Wesen er nach Persönlichkeit, politischer Energie und staatsmännischer Weitsicht wenig geerbt zu haben schien. Doch stellte er sich bewußt in dessen Nachfolge, ehrte die Taten seines Vorgängers in dem prachtvollen Reiterdenkmal von Schlüter, in Gemälden und Gobelins niederländischer Meister. Darin ist ein Bekenntnis zu der Grundlage, auf der Brandenburgs Ansehen in der Fortwirkung von Kurfürst Friedrich Wilhelms Ruhm noch beruhte, zu sehen. Weit folgerichtiger, als es der Vater dem schwächlichen, verwachsenen Nachfolger zugetraut hatte, ist Kurfürst Friedrich III. den Erfordernissen der Politik seines Staatswesens gerecht geworden und hat mit bemerkenswerter Zähigkeit und Ausdauer unter geschickter Ausnutzung der sich bald krisenhaft zuspitzenden Gesamtlage Europas den Besitzstand mehren und halten können.

Schon als Kurprinz hatte der Brandenburger deutlich zu verstehen gegeben, daß es sein außenpolitisches Ziel sein werde, keine eigene Außenpolitik zu betreiben. Damit wich er in einem entscheidenden Grundsatz von dem Vater ab, der ihm in dem allein für den Nachfolger bestimmten geheimen politischen Testament einschärfen wollte: „Allianzen sind zwar gut, aber eigene Kräfte noch besser; darauf kann man sich sicherer verlassen." Die Politik dem Kaiser gegenüber müsse von dem Prinzip der „Balance" bestimmt werden: eine Anlehnung empfehle sich, wenn Frankreich und Schweden übermächtig werden sollten; anderenfalls gelte es, die „Teutsche Freiheit" gegen das Haus Österreich und Spanien zu verteidigen. Das war noch ganz aus den Erfahrungen der Dreißigjährigen Krieges abgeleitet. Inzwischen war mehr als ein Generationszeitalter verflossen, die Machtverhältnisse hatten sich verändert, und Friedrich III. hatte seit seiner Regierungsübernahme 1688 einen ersten deutlichen Beweis seiner Anlehnung an Österreich gegeben, als er in Einlösung vorangegangener geheimer Zusagen den kurz zuvor vom Kaiser dem Brandenburger zugesprochenen Kreis Schwiebus wieder dem Fürstentum Glogau überließ. Nur im engsten Einvernehmen mit dem Reichshofrat in Wien sind die Verhandlungen über die Standeserhöhung Kurbrandenburgs geführt und zum Abschluß gebracht worden. Am 16. November 1700 wurde zu Wien ein geheimes Verteidigungsbündnis zwischen Kaiser Leopold und Kurfürst Friedrich III. von Brandenburg geschlossen. Darin gesteht der Kaiser dem Kurfürsten die königliche Würde zu und erkennt sie in seinen Wahl- und Erblanden an. In beifolgenden Zusatzartikeln wird Brandenburg das Nachfolgerecht aus der oranischen Erbschaft seitens des Kaisers zugesichert, vor allem in den ausdrücklich genannten Grafschaften Moers und Lingen; bekräftigt wird nach Abstellung gewisser Beschwerden der Besitzanspruch Brandenburgs an der Erbvogtei Quedlinburg, der Grafschaft Mansfeld und den Stiften Essen, Elten und Werden. Das neue Königreich verpflichtet sich, den Kaiser zur Durchsetzung seiner spanischen Erbfolgeansprüche voll zu unterstützen. Das bedeutete die Gestellung von 8000 Mann Truppen, die allerdings nur innerhalb des Reiches verwendet und in höchstens zwei Abteilungen geteilt werden durften.

Dieser letzte Vertragspunkt war nicht die eigentliche Ursache zur Einräumung der Königswürde, hat jedoch die Verhandlungen zuletzt sehr beschleunigt. Bereits am 17. Dezember 1700 brach der Kurfürst nach Königsberg auf, um die vereinbarte Krönungszeremonie vorzunehmen. Preußen war schneller zum Königtum gelangt als Hannover zur Kurwürde. Es ist dies teilweise gewiß dem Verhandlungsgeschick der brandenburgischen Räte zuzuschreiben, von denen einige aus der Zeit des Großen Kurfürsten bis an den Anfang des neuen Jahrhunderts die politische Erfahrung weiter bewahrten; doch hätte bei aller energischen und zupackenden Art Friedrich Wilhelms ihm der Griff nach der Krone völlig fern gelegen. Eben dieses hatte nun sein Nachfolger gegen den teilweise heftigen Widerstand seiner Ratgeber durchgesetzt. Eberhard von Danckelmann, einst Erzieher, dann vertrauter Ratgeber des Kurprinzen und Kurfürsten, widersetzte sich der Kronerwerbung und wurde von Friedrich fallengelassen. So hat dieser erste König Preußens bei starker Bindung an Familie und Hof, bei gewollter Zurschaustellung seiner Majestät und der Furcht vor Intrigen, bei zeitgemäßer Unbedenklichkeit gegenüber den Gesetzen des fiskalischen Haushalts doch letztlich in Existenzfragen seines Staates Entscheidungen getroffen, die von zukunftweisender Bedeutung waren.

Die Rückreise aus der Krönungsstadt in die Kurmark war bereits beschleunigt durchgeführt worden angesichts der sich rasch zuspitzenden Krise um die Erbfolge in Spanien. Dem ungeteilten Übergang der spanischen Länder auf der Pyrenäenhalbinsel und in Unteritalien auf den Enkel des französischen Sonnenkönigs versagten nicht nur das Reich, sondern auch die durch Wilhelm III. von Oranien verbundenen Seestaaten England–Holland sowie die skandinavischen Staaten die Zustimmung. Ein kriegerischer Konflikt stand unmittelbar bevor. Preußen wußte, wo sein Platz war. Der Krontraktat band es für mehr als ein Menschenalter an der Seite Habsburgs als dessen zuverlässigster Paladin. Zugleich deckte es dem Reich den Rücken für die zweite große kriegerische Auseinandersetzung, die zwischen Rußland, Sachsen–Polen, Schweden und Dänemark entbrannt war. Es war ein Akt der Vernunft, daß die preußische Politik sich nicht in eine Isolierung begeben hatte wie Schweden, das seine Kräfte und Wirkungen zu seinem Verderben überschätzte. Die Einsicht, daß die Bindung an Kaiser und Reich den natürlichen Weg vorschrieb, der Preußen aufgetragen war, mußte sich mit der Erkenntnis verbinden, daß die Reichsverfassung von 1356 in Umrissen nach wie vor gültig war, daß in dem Römischen Wahlreich die Kurwürde Brandenburgs ebensowenig wie die Sachsens (und neuerdings Hannovers) erloschen war. Immer noch galt aber der Status Imperii, wie er durch die Friedensverträge von Münster und Osnabrück 1648 festgelegt worden war. Dem konnte sich auch das 18. Jahrhundert noch nicht entziehen; die Territorial-, Souveränitäts-, Regalienbestimmungen, der Reichsmünzfuß, die Zollgerechtsame und Reichsmatrikel, Reichskreisordnung und lehnrechtlichen Bestimmungen änderten sich bis zum Ende des Römischen Reichs nicht; und alle Friedensschlüsse, die vom Reich oder seinen Teilen unterzeichnet wurden, waren vorsichtig genug, die westfälischen Friedensinstrumente jeweils als einen integrierenden Bestandteil in die Vertragsurkunden hineinzunehmen.

Am Ausgang des Dreißigjährigen Krieges war ein europäisches Staatensystem erkennbar geworden, das in drei peripheren Regionen um das Deutsche Reich gelagert war: im Südosten stand auf dem Balkan, in bedrohlicher Nähe von Wien und im festen Besitz von fast ganz Ungarn, die osmanische Macht, immer noch der Schrecken des Abendlandes und erst in wiederholten Anläufen langsam zurückgedrückt, bis im Jahre 1718 der Friede von Passarowitz die Gefahr verminderte. Die Abwehr, Überwindung und Aufschließung des Südostens war Österreichs eigene, große Leistung, nur gering von anderen Reichsständen unterstützt, und daher eine habsburgische Sache mit eigenem Risiko und Erwerb.

Im Nordosten war die zweite Groß- und Militärmacht des damaligen Europa, Schweden, mit seinem um die ganze Ostsee reichenden Landbesitz eine ständige Bedrohung, auch seitdem 1654 an der Spitze dieses nordischen Reiches ein deutscher Reichsfürst, der Pfalzgraf Karl von Zweibrücken, stand. Nur zeitweilig konnten kaiserliche Truppen den Küstenschutz in Mecklenburg und Holstein verstärken; sonst mußte die ganze Nordost-Region der Verantwortung des Brandenburgers überlassen bleiben, der damit die Sicherung der Flanke des Reiches übernahm, sich mit der schwedischen modernen Militärmacht maß und daran wuchs.

Der stärkste Gegner des Reichs stand im Westen: Frankreich, auf der Höhe seiner Macht, angriffslustig an Nieder- und Oberrhein, in der Pfalz, und eine ständige Bedrohung Süddeutschlands. Die Vorderen Reichskreise, besonders am Oberrhein, vermochten erfahrene Feldherren, jedoch nur unzureichende Truppen zu stellen, so daß hier wechselseitig mit der Kriegführung gegen die Türken auf dem Balkan die Hauptfront der kaiserlichen Abwehr lag. Hier aber hat auch Brandenburg zunehmend an der Seite des Kaisers die Abwehrkämpfe geführt und sich bald als unentbehrlich gezeigt; das brandenburgische Kontingent war bereits ein fest eingeplanter Bestandteil der Sicherung an der Westgrenze. Die Standeserhöhung mit gleichzeitiger Namensänderung des bisherigen Kurfürstentums Brandenburg in 'Königreich Preußen' erfolgte auch deshalb im Einklang mit den Absichten des Kaisers und im Interesse des Reiches.

Die königlich preußische Armee, die nunmehr in allen Landesteilen unter einheitlichen Feldzeichen und Befehlen die angeworbenen Streitkräfte zusammenfaßte, war keine Neuschöpfung Friedrichs I. Sie bildete sich aus dem verringerten Bestand jener brandenburgischen Truppen, über die Kurfürst Friedrich Wilhelm verfügt hatte und betrug im Krönungsjahr 21 000 Mann zu Fuß und zu Pferd. Indessen war fast gleichzeitig der im Krontraktat vorgesehene Bündnisfall eingetreten. Im Februar 1701 waren die Franzosen in die Spanischen Niederlande eingerückt, im April und Mai versammelte Preußen sein Kontingent von 8000 Mann bei Wesel. Diese preußische Feldarmee, die neben den kaiserlichen Truppen unter selbständigem Kommando operierte, wurde 1702 entsprechend der Reichsmatrikel auf 12 000 Mann verstärkt. Ferner standen 5000 Mann für Kriegsdauer in englischem und holländischem Sold unter dem Kommando des Prinzen Albrecht Friedrich von Preußen. Der gleichzeitig seit 1700 von Sachsen–Polen und Dänemark–Norwegen gegen Schweden geführte Krieg um Städte und Festungen in Holstein und Livland nötigte Preußen zu weiteren Verstärkungen um 5000 Mann. Von den nunmehr auf 30 000 Mann angewachsenen Truppen standen außerhalb der Feldarmee ein Drittel in Ostpreußen, 8000 in den übrigen Provinzen. Im Westen war die Festung Geldern erobert worden, im Osten mit Zustimmung des Königs von Sachsen das Territorium von Elbing besetzt und damit zwei Anwartschaften gemäß vorangegangener Verträge gesichert. 1703 übernahm der damals 27jährige Fürst Leopold von Anhalt-Dessau das Kommando über die preußische Feldarmee, focht 1704 bei Höchstädt und Blindheim unter dem britischen Feldmarschall Marlborough und besetzte 1705 die Markgrafschaft Bayreuth. Zu dieser Zeit erhielt der Dessauer den Befehl über ein neu aufgestelltes Korps in Oberitalien, das unter dem Oberkommando des Prinzen Eugen von Savoyen stand und 1705 bis 1707 in wechselvollen, harten Kämpfen bei Turin und in der Provence vor Toulon focht. An Marlboroughs Sieg bei Ramillies 1706 hatten unterdessen preußische Regimenter ruhmreichen Anteil, bei Oudenaarde 1708 fochten sie an entscheidender Stelle unter gemeinsamer Leitung der Feldherren Prinz Eugen und Marlborough ebenso wie ein Jahr darauf in der blutigen Schlacht von Malplaquet. Seit 1710 bis zum Ende des Feldzuges nach dem Frieden von Utrecht 1713 übernahm Fürst Leopold von Anhalt-Dessau das Kommando über das preußische Feldheer in den Niederlanden. Er hatte reiche Kriegserfahrungen gesammelt, die zur systematischen Entwicklung von Feuer und Bewegung als Grundprinzipien der Infanterietaktik führten. Eine gleichmäßige bewegliche Führung auf dem Gefechtsfelde wurde durch drillmäßiges Exerzieren im Gleichschritt ebenso geübt wie gezieltes Schnellfeuer durch sichere Gewehrgriffe und Anwendung des neu eingeführten eisernen Ladestocks. Die Armee war auf 40 000 Mann gewachsen bei einer Gesamtzahl von 1,6 Millionen Landeseinwohnern. Neu war, daß der König sich die Ernennung jedes einzelnen Offiziers vorbehielt, dessen Anstellung demnach nicht mehr von einem Regimentsobristen, sondern von der Staatsspitze erfolgte. Mit diesem Instrument, das seine Tauglichkeit an der Seite verbündeter Kontingente aus allen deutschen Staaten, aber auch aus Holland, England, Ungarn, Savoyen bewies, hat das junge Königreich im Kreise der Mächte einen Achtungserfolg errungen, der seinen Bündniswert steigerte.

In der königlichen Armee verkörperte sich nächst dem Monarchen zuerst ein preußisches Staatsbewußtsein, gefestigt in der Auseinandersetzung mit Frankreich, der stärksten Militärmacht Europas, und bestätigt im Bündnis mit den Reichskontingenten und dem niederländisch-englischen Doppelstaat unter König Wilhelm III. aus dem Hause Nassau-Oranien. Die Verwandtschaft der europäischen Fürstenhäuser untereinander war in jener Zeit von folgenreicher und für die Untertanen oft von schicksalsschwerer Bedeutung. Nur auf solcher in der damaligen Diplomatie und politischen Wirklichkeit als erstrangig eingeschätzten Grundlage, ohne die das europäische Staatensystem nicht tragfähig gewesen wäre, gewinnt der 20jährige Krieg um die spanische Erbfolge, in die Brandenburg-Preußen mit verstrickt war, die weltweiten Dimensionen. Nur durch Einblick in die Stammtafeln europäischer Dynastien läßt sich die ganze Tragweite jener Auseinandersetzungen heute überhaupt begreifen. Freilich ging es für Preußen nicht nur um die Verteidigung des spanischen Erbes für Habsburg, was die Reichslehnspflicht forderte; das im Jahre 1707 anfallende oranische Erbe stellte einen unmittelbaren Gewinn für den preußischen Staat dar. Schon 1702, unmittelbar nach dem Tode Wilhelms von Oranien, wurden davon die Grafschaften Lingen und Moers mit Krefeld durch Friedrich I. von Preußen in Besitz genommen; in seiner Eigenschaft als Herzog von Cleve konnte er sich auf das Testament seines Großvaters mütterlicherseits, auf den Erbstatthalter Friedrich Heinrich von Nassau-Oranien berufen. Das Reichskammergericht erkannte diesen Anspruch an. 1707 erhob der Preußenkönig die Grafschaft Moers zum Fürstentum, als ihm aus derselben Erbschaft auch die Grafschaft Neuenburg (Neuchâtel im Schweizer Jura) mit der Herrschaft Valangin durch Traktat förmlich zugesprochen worden war. Im gleichen Jahre wurde die Grafschaft Tecklenburg gekauft, die an

Lingen grenzte. Damit hat Preußen die im Krontraktat vom Kaiser namentlich genannten Gebiete aus der oranischen Erbschaft gewinnen können, wenn auch weitergehende Ansprüche sich noch nicht erfüllen ließen. Doch wurde Preußen im Friedensvertrag von Utrecht der südliche Teil der Grafschaft Geldern (Obergeldern mit Viersen) zugesprochen, angrenzend an Moers und Cleve, zugleich als Entschädigung für hohe militärische Aufwendungen im Dienste des Kaisers und der Seemächte. Venlo, Stevensweert und Montfort wurden jedoch 1715 Holland überlassen, die Stadt Erkelenz 1719 der Kurpfalz.

Dieser Territorialbesitz fügte sich – bis auf das zwischen der Freigrafschaft Burgund und der Eidgenossenschaft gelegene Neuenburger Gebiet – den bisherigen preußischen Territorien organisch an und ist auch vom Gesamtstaat behauptet worden. Ähnliche Exklaven wurden durch Schenkung und Vertrag auch an der Ostgrenze Preußens aus Radziwillschem Erbe erworben: die Herrschaften Tauroggen und Serrey, jede rund 45 qkm groß. Tauroggen grenzte an das preußische Amt Ragnit und war bereits 1617 bis 1621 brandenburgisch, war dann verkauft und von Kurfürst Friedrich III. 1691 wieder durch testamentarische Übereignung von 1688 in Empfang genommen worden. Tauroggen war ebenso wie die im Inneren des südlichen Litauen (Kreis Wigry, später Kreis Alytus) gelegene Herrschaft Serrey im Besitz des jüngeren Bruders des Preußenkönigs, Markgraf Ludwig, gewesen, der sie als Mitgift von seiner Gemahlin Louise Charlotte Radziwill, Tochter des Fürsten Bogislaus Radziwill, erhalten hatte. Dieser stammte mütterlicherseits aus dem Hohenzollernhause und war von seinem Schwager, dem Großen Kurfürsten, mit dem er sich im calvinischen Glaubensbekenntnis verbunden fühlte, als Statthalter im Herzogtum Preußen eingesetzt worden. Kurfürst Friedrich III. hatte die Übernahme von Tauroggen an Ort und Stelle vollzogen. So ist der erste Preußenkönig als Mehrer seiner Lande aufgetreten, wie es schon sein Vater getan hatte und wie es alle folgenden Preußenkönige ebenso tun sollten.

Es besteht kein Zweifel, daß die Königskrone bei Bewahrung und Vermehrung des Besitzstandes von Anfang an eine den Gesamtstaat wesentlich bestimmende und fördernde Bedeutung gehabt hat. Sosehr Kurfürst Friedrich Wilhelm mit großer Energie und wendiger Politik die Größe seines Hauses gesteigert hatte, wobei die Eheverbindung mit Luise Henriette von Nassau-Oranien noch späte Früchte an Territorialbesitz einbringen sollte, so unselig waren seine späten Verfügungen unter dem Einfluß seiner zweiten Gemahlin Dorothea, Tochter des Herzogs Philipp von Holstein-Sonderburg-Glücksburg; sie, die in erster Ehe mit Herzog Christian Ludwig von Braunschweig-Lüneburg-Calenberg-Celle vermählt gewesen war, gebar dem Brandenburger sieben Kinder, darunter vier Söhne. Die geistig anspruchslose, resolute und auf ihr Eigeninteresse bedachte Kurfürstin wollte ihre eigenen Kinder standesgemäß versorgen und nötigte dem Gatten wider bessere Einsicht Testamente ab, in denen die brandenburgischen Sekundogenituren Minden-Halberstadt, Ravensberg, Naugard, Lauenburg-Bütow-Draheim und Egeln begründet wurden. Obwohl diese testamentarischen Bestimmungen nicht widerrufen waren, hat doch der Kaiser als Testamentsvollstrecker die Souveränität des brandenburgischen Nachfolgers in der Kurlinie nicht beeinträchtigen wollen, weil diese neue Regelung dem keineswegs aufgehobenen Hausgesetz Brandenburgs (Dispositio Achillea von 1473) wie auch dem Reichsgesetz der Goldenen Bulle von 1356 entgegenstand. Der jüngste Sohn aus erster Ehe, Markgraf Ludwig, konnte seit seiner Verheiratung mit Luise Charlotte Radziwill 1681 als versorgt gelten; wie aber die Kurfürstin sich über das Gesamtinteresse des Hauses Brandenburg hinwegsetzte, zeigt ihre von langer Hand vorbereitete Begründung einer Nebenlinie zugunsten ihres ältesten Sohne aus zweiter Ehe, Philipp, der diesen in Brandenburg fremden Namen nach dem Großvater mütterlicherseits aus dem Hause Holstein-Glücksburg trug. Kurfürstin Dorothea hatte sich bereits unmittelbar nach der Geburt Philipps die Herrschaft Schwedt als Witwensitz übertragen lassen, vergrößerte sie und erhob sie zur Markgrafschaft, baute die Stadt nach Bränden neu und ließ eine prächtige Schloßanlage errichten. Bereits ein Jahr nach dem Tode des Großen Kurfürsten residierte hier Philipp als Markgraf von Schwedt und Begründer einer nicht souveränen Linie, die 1788 ausstarb. Die Markgrafschaft hatte bis dahin eigene Justiz- und Amtsverwaltung. Zur Begründung weiterer Nebenlinien kam es nach dem Tode der Kurfürstin 1689 nicht mehr.

Für Kurfürst Friedrich III. konnten solche Erfahrungen nur vermehrt Anlaß sein, den zahlreichen brandenburgischen Einzelterritorien eine gemeinsame feste Organisationsform zu geben; waren doch sogar die um die Kurmark gruppierten benachbarten Marken noch von gewisser Eigenständigkeit und mit unterschiedlichen Privilegien begabt. Ausgangs- und Mittelpunkt des Staatswesens, das von den Grenzen her immer neu gefordert wird, sind und bleiben die Kurländer, wie sie sich seit der kaiserlichen Übertragung der Ordnungs- und Sicherungsaufgabe an den Burggrafen von Nürnberg Friedrich aus dem schwäbischen Hause Zollern im Jahre 1411 darstellten: zunächst Altmark, Prignitz, Havelland, Zauche, Teltow, Barnim, Lebus, Sternberg und ein Teil der Uckermark; dazu gehörten die Bistümer Havelberg, Lebus und Brandenburg an der Havel, in dem sich anfänglich auch die Residenz befand. Ein halbes Jahrhundert später, nachdem 1415 die Kurwürde und das Reichsamt des Erzkämmerers vom Kaiser an die Hohenzollern erblich übertragen worden waren, sind bereits vom Deutschen Orden die Neumark käuflich erworben, Teile der Lausitz als böhmische Lehen empfangen, den Pommern Schwedt, Vierraden und Löcknitz abgenommen worden. Am Ende desselben Jahrhunderts traten die Pfandbesitzungen Crossen, Züllichau und Sommerfeld hinzu. Im 16. Jahrhundert legte Kurfürst Joachim II. die Rechtsansprüche auf Magdeburg und Schlesien fest, bereitete die Rückkehr der zeitweise von der Kurmark abgetrennten, nun um Beeskow und Storkow vergrößerten Neumark vor. Er vollzog den ersten Konfessionswechsel, zum Luthertum, und folgte damit dem in Brandenburg längst angenommenen Bekenntnisstand. Von den fränkischen Markgrafschaften getrennt, die ihrerseits zeitweise drei Nebenlinien bildeten, residierten die hohenzollernschen Kurfürsten seit 1470 in Cölln an der Spree bei Berlin. Im 16. Jahrhundert hatte das blühende Haus Brandenburg zehn Territorien über das Reichsgebiet verstreut in der Hand: die Kurfürstentümer Brandenburg und Mainz, das Herzogtum Preußen, die Markgrafschaften Küstrin, Ansbach, Bayreuth und Kulmbach, die Erzbistümer Magdeburg und Riga und das Bistum Halberstadt. Aber ein staatlicher Zusammenhang erwuchs daraus nicht, und am Anfang des 17. Jahrhunderts stand das Fortleben der brandenburgischen Kurlinie auf zwei Augen: auf Friedrich Wilhelm, dem späteren Großen Kurfürsten, dem einzigen erbberechtigten männlichen Nachfolger des Kurfürsten Georg Wilhelm. Dieser hatte die Folgen der kurzsichtigen opportunistischen Politik seines Vaters zu tragen. Denn der 1613 erfolgte Übertritt des Kurfürsten Johann Sigismund (1572–1619) vom Luthertum zum Calvinismus (der zweite Konfessionswechsel der Brandenburger innerhalb von hundert Jahren) vermochte die heftig widerstrebende Bevölkerung nicht mitzuziehen, verursachte bedrohliche Spaltungen und gefährdete die reichsrechtliche Stellung des Kurfürsten. Schwach nach innen und nach außen, hat die Kurmark die verheerenden Plünderungen, Seuchen und Menschenopfer des Dreißigjährigen Krieges hilflos über sich ergehen lassen müssen.

Die Lehren daraus und zugleich die energische Nutzanwendung zur Besserung der Lage und zur Verhütung künftiger Schutzlosigkeit zog Kurfürst Friedrich Wilhelm, dessen Regierungsantritt 1640 in die Phase der letzten Steigerung der Kriegsfurie fiel. Erst im zweiten Jahrzehnt seines Wirkens hat Brandenburg unter beweglicher Anpassung an die veränderten Mächteverhältnisse eine selbständigere Stellung erringen können. Die Erneuerung des Territorialbesitzes ging von den Kurlanden aus. Diese nach Norden abzurunden und die Ostseeküste zu erreichen, war das bereits im 16. Jahrhundert durch Erbverträge mit dem pommerschen Greifen-Haus angestrebte Ziel. Als 1637 der Erbfall eintrat, hielt Schweden das beanspruchte Gebiet besetzt, das im Frieden von Osnabrück nur Teile von Hinterpommern mit Kolberg freigab; erst 1657 kamen die ehemaligen Deutschordensbesitzungen Lauenburg und Bütow und die Johanniterbesitzung Draheim auf dem Umweg über Polen an Brandenburg, auch wurde in Bahn und Cammin in Pommern das rechte Oderufer erreicht, während Schweden alle diplomatischen und militärischen Versuche des Kurfürsten, Vorpommern zu gewinnen, mit französischer Hilfe zurückwies. Dem Brandenburger wurden seitens des Reichs Entschädigungen eingeräumt in dem Bistum Halberstadt mit den Grafschaften Regenstein, Benneckenstein und Hohnstein, die seit 1648, sowie dem Erzstift Magdeburg mit Jerichow, dem Saalekreis mit Halle und Teilen von Mansfeld, die endgültig seit 1680 zu Brandenburg gehörten. Dieser territoriale Zuwachs bedeutete zunächst keineswegs nur Gewinn; zum größten Teil erwarb Brandenburg stark kriegsverwüstete Gebiete, die erst nach Jahrzehnten wieder ihren früheren Bevölkerungsstand und die Produktionsbedingungen für eine regelmäßige Einnahme erreichen konnten. Aber auch dann blieben die Städte klein, das Gewerbe gering, die Landwirtschaft armselig und ohne nennenswerte Überschüsse. Das Land der Lüche und Brüche, märkische Heide und Sand boten keine Bodenschätze, in ihrem Urzustand kaum zusätzliche Siedlerstellen. Eine natürliche Begrenzung fanden diese brandenburgischen Mittelmarken indessen nicht, und die inneren Verkehrsverhältnisse konnten unter Benutzung des natürlichen Wasserstraßennetzes durch Verbindungskanäle systematisch ausgebaut werden.

Im 17. Jahrhundert hatte Brandenburg auch in Nordwestdeutschland zwischen Rhein und Maas, Ober-Weser und Ober-Ems durch Erbschaft und Kauf Territorien erwerben können, die an Größe und Bedeutung den fränkischen Markgrafschaften nicht nachstanden; in zwei Gebietsteilen umfaßten sie im Norden und Süden das Bistum Münster. Als Kurfürst Johann Sigismund von Brandenburg 1594 Anna, die Tochter des Herzogs Albrecht Friedrich von Preußen, heiratete, brachte diese mütterlicherseits den Anspruch auf das jülich-clevische Erbe in die Kurlinie ein. Aus dem Gesamterbe erhielt Brandenburg 1614: die Grafschaften Cleve, Mark, Ravensberg (mit Bielefeld) und Ravenstein an der Maas. Letzteres kam im Düsseldorfer Vergleich 1647 an den Pfalzgrafen Philipp Wilhelm, der zwei Ravensbergische Ämter herausgab. Von der Grafschaft Mark war bereits

1630 von Kurfürst Georg Wilhelm die freie Reichsherrschaft Gimborn–Neustadt als Lehen für den brandenburgischen Statthalter Graf Adam v. Schwarzenberg abgetrennt worden; die brandenburgische Regierung zu Cleve hat gleichwohl das Amt Neustadt weiterhin zu Reichs- und Kreisveranlagungen herangezogen. Als Teilentschädigung für Vorpommern erhielt im Westfälischen Frieden 1648 Brandenburg das an die Grafschaft Ravensberg anschließende säkularisierte Bistum Minden. Damit hatte Kurbrandenburg auch in Westdeutschland in wichtigen Verkehrs- und Wirtschaftspositionen Fuß gefaßt. Die Besitzungen wurden später durch die bereits genannten oranischen Erbteile und die Zuwendung aus dem Frieden von Utrecht abgerundet.

Kurfürst Friedrich Wilhelm hatte als Kurprinz vier Jahre lang in Holland die Bedeutung von Seemacht und Handel kennengelernt. Der Zeit und den Möglichkeiten seines Territoriums weit vorauseilend, hatte er Stettin zu gewinnen gesucht, weil von dem an der östlichen Grenze gelegenen Hafen Pillau aus ozeanische Fahrten nur unter Schwierigkeiten durchzuführen waren (obwohl sein Schwager Herzog Jakob von Kurland dies sogar von Windau aus mit Erfolg betrieb). Als alle militärischen Anstrengungen diplomatisch wieder zunichte wurden, faßte Kurbrandenburg an der deutschen Nordseeküste Fuß. Nach der vorbereitenden Gründung einer Brandenburgisch-Afrikanischen Kompanie in Berlin nach dem Muster holländischer Handelsgesellschaften 1680 wurden 1682/83 vertragsgemäß brandenburgische Garnisonen nach den ostfriesischen Plätzen Greetsiel und Emden gelegt, in dieser Stadt ein brandenburgisches Admiralitätskollegium als Seefahrtsbehörde und die Brandenburgisch-Ostindische Handelskompanie eingerichtet. 1683 war in Guinea an der afrikanischen Goldküste die Festung Groß-Friedrichsburg als Schutz für Stapelplatz und Faktorei gegründet worden, das Fort Dorotheenschanze in Accada folgte im Jahre darauf. 1685 wurden geschützte Handelsniederlassungen in Anta und Taccaray in Westafrika angelegt, desgleichen im Einvernehmen mit Dänemark ein Stützpunkt auf der Insel St. Thomas in Westindien, 1687 schließlich nördlich des Senegal vor der nordwestafrikanischen Küste ein solcher auf der Insel Arguin. Der Höchststand der kurbrandenburgischen Flotte unter dem Holländer Benjamin Raule als Chef der Admiralität betrug im Todesjahr des Großen Kurfürsten (1688): 35 Schiffe und 40 kleinere Fahrzeuge. Die Wirtschaftskraft seiner Länder durch die Reichtümer der überseeischen Welt zu stärken, ist seit Beendigung des Kriegszustandes das weitreichende Ziel Friedrich Wilhelms gewesen. Doch kam es unter den Nachwirkungen des Dreißigjährigen Krieges nur zu schwachen Ansätzen, weil das Kapital fehlte, Brandenburg wirtschaftlich noch gar nicht gefestigt und kaum leistungsfähig war und von einem menschenleeren Lande keine Expansion nach fernen Erdteilen durchführen konnte. Ist jedoch durch die calvinische Konfession, durch die dynastische Verbindung mit dem Hause Oranien und die Bildung eines brandenburgischen Länderblocks in Westdeutschland eine bemerkenswerte West-Orientierung des Kurfürstentums eingeleitet worden, so verstärkte sich dieser Zug rasch durch das Einwanderungsangebot an die in Frankreich verfolgten Anhänger des reformierten Glaubensbekenntnisses, die Hugenotten. Zwanzigtausend Flüchtlinge sind über alle brandenburgischen Länder verteilt worden. Es war ein erwünschter Zustrom gewerbeerfahrener, fleißiger Menschen, die moderne Herstellungsmethoden mitbrachten und die Qualität der Warenerzeugung nach Güte und Geschmack entscheidend verbessern halfen. Seitdem ist das französische Element in die Führungsschichten Brandenburgs und Preußens aufgenommen worden und hat in Sprachverfeinerung, Zivilisation und beweglicher Intelligenz maßgebend gewirkt. Die westliche Komponente der Einwanderung aus Holland und Frankreich erreichte Brandenburg bereits an der Schwelle seiner Ausbildung zum Gesamtstaat und verteilte sich gleichmäßig; sie sollte bald verstärkt werden durch drei weitere Einwanderungsströmungen aus dem Südwesten und Süden Deutschlands, die vor allem dem Nordosten zugute kamen.

König Friedrich I. hatte die Königskrone nicht durch eine Erhöhung der kurbrandenburgischen Würde angestrebt, sondern im Verlangen nach voller Souveränität in einem seiner Länder, das von der Übertragung der Kur unabhängig war und deshalb der Lehnsbindung an den Kaiser nicht unterlag. Ein solches unmittelbar Brandenburg zugehöriges Besitztum war das Herzogtum Preußen. Hervorgegangen aus dem Staat des Deutschen Ordens und gemäß dem Privileg Kaiser Friedrichs II. 1226 begründet, war es 1525 im verkleinerten Umfang säkularisiert worden, als der Hochmeister Albrecht von Brandenburg den Ordensmantel ablegte und auf Luthers Rat sein Territorium in ein weltliches Herzogtum umwandelte. Unter kaiserlicher und Liegnitzer Vermittlung trat Preußen im Krakauer Vertrag 1525 als erbliches hohenzollernsches evangelisches Herzogtum in ein Lehnsverhältnis zur Krone Polen. Herzog Albrecht blieb Reichsfürst nach Herkunft und Rang, unterlag der Zitation durch das Reichskammergericht, beschickte durch Gesandte die Reichstage und wurde durch Kurfürsten und kaiserliche Räte mehrfach aufgefordert, sich als Reichsfeldherr an die Spitze eines Aufgebots gegen die Türken zu stellen, wozu er sich grundsätzlich auch bereit erklärte. Als Angehöriger des Reichsfürstenstandes fühlte er sich zur Bekämpfung des osmanischen Reichsfeindes verpflichtet und sah darin zugleich ein ihm erwünschtes Bekenntnis seiner Treue zum Römischen Reich, dem er mit seinen Untertanen geziemend zu dienen gewillt war. Aus jener Zeit stammt das in Königsberg gefertigte Reichsschwert des Herzogs, das fortan zu den preußischen Reichsinsignien gehörte. Daß diese Pläne eines erneuerten brandenburgischen Reichsfeldherrntums nicht ausreiften, lag wesentlich an der unzureichenden Gesamtrüstung des Reiches, das gleichzeitig seine Stellung gegenüber Frankreich zu behaupten hatte.

Bei der Säkularisierung des Herzogtums 1525 waren die beiden in Franken regierenden brandenburgischen Markgrafen mitbelehnt worden. Eine Mitbelehnung auch der Kurlinie und des Administrators im Erzstift Magdeburg wurde 1563 erreicht und damit die Nachfolge Kurbrandenburgs in Preußen gesichert. Dieser Fall war 1618 eingetreten, als Albrechts Sohn und Nachfolger im Herzogtum, Albrecht Friedrich, vermählt mit Marie Eleonore von Jülich-Cleve-Berg, bald nach seinem Regierungsantritt 1568 regierungsunfähig wurde und 1618 starb. Damit wurde ein mit der Kurmark territorial nicht verbundenes östliches Gegenstück zu den eben erst geerbten westlichen Besitzungen erworben. Fast gleichzeitig breitete der kurbrandenburgische Adler seine Flügel von der Mark nach West und Ost weit aus.

Unbeschadet seiner Zugehörigkeit zu Brandenburg unterlag das Herzogtum Preußen noch bis 1656 einer Lehnsbindung an die Krone Polen. Diese verlor, solange anstelle der abstrakten Staatsraison noch das persönlich bestimmte dynastische Hausinteresse vorherrschte, viel von dem Unbedingtheitsanspruch und beschwerte Fürst und Untertanen wenig. Unter den polnischen Jagellonen war Kasimir IV. über seine Gemahlin Elisabeth von Österreich mit dem Römischen König Albrecht II. verwandt; sein Enkel Sigismund II. heiratete in erster und dritter Ehe Töchter Kaiser Ferdinands I. aus habsburgischem Hause. Von den Wahlkönigen aus dem schwedischen Geschlecht der Wasa setzte Sigismund III., der die Töchter des Erzherzogs Karl von Österreich nacheinander ehelichte, diese Tradition fort. Sein Sohn Wladislaw IV. Sigismund heiratete die Tochter Kaiser Ferdinands II., und Johann III. Sobieski gab seinem Sohn eine Frau aus damals auch an der Ostsee mächtigem pfälzischen Geschlecht, während seine Tochter Therese der Kurfürst Max II. Emanuel von Bayern heimführte. August II. von Sachsen und Polen war mit einer Tochter des Markgrafen von Ansbach-Bayreuth vermählt; sein Sohn August III. begründete über seine Gemahlin Maria Josefa, einer Tochter des Kaisers Joseph I., den Anspruch auf die österreichische Erbfolge.

In den dynastischen Kämpfen der schwedischen Wasa-Linie um Polen erreichte Kurfürst Friedrich Wilhelm von Brandenburg in den Verträgen von Labiau, Wehlau und Bromberg 1656/57 das wechselseitige Zugeständnis der Souveränität in Preußen und der völligen Unabhängigkeit von Schweden und Polen. Lediglich im Fall des Aussterbens der hohenzollernschen Kurlinie hätte die Lehnsbindung des Herzogtums Preußen wiederaufleben können; deshalb hat der Nachfolger des Großen Kurfürsten sich 1690, zwei Jahre nach seinem Regierungsantritt, einer formalen Eventualhuldigungszeremonie unterzogen; die mit Polen und Schweden ausdrücklich als gleichberechtigt bezeichneten preußischen Könige haben dies nicht mehr fortgesetzt. Der Friede von Oliva 1660 hat als Kongreß internationalen Ausmaßes unter Beteiligung der beiden skandinavischen Königreiche, Polens, Österreichs, Brandenburgs, unter Vermittlung und Garantie Frankreichs, auch Englands Interessenerklärung, eine für den gesamten Ostseebereich ähnliche Bedeutung gehabt wie der Westfälische Friede für Mitteleuropa. Die vollen Souveränitätsrechte Brandenburgs auf Preußen wurden ebenso bestätigt wie dessen Anrechte auf Elbing, Lauenburg-Bütow und Draheim. Damit war die international garantierte Grundlage für eine völlig souveräne Königskrone in Preußen geschaffen. Dieses bereits 1618 den Kurfürsten von Brandenburg zugefallene Erbe wurde nicht wieder einem kaiserlichen Anspruch unterstellt, sondern den Hohenzollern in der Mark Brandenburg ohne Auflagen überlassen. Preußen nahm innerhalb des Gesamtstaates Brandenburg keinen anderen staatsrechtlichen Rang ein als die früher oranischen Besitztümer, die Preußen im Westen geerbt hatte. Dort und in Geldern, Minden und in Pommern (soweit dieses von Schweden geräumt worden war) herrschten die Brandenburger ebenso souverän, und niemand wäre es eingefallen, diese Gebiete als außerhalb des Deutschen Reichs befindlich anzusehen, nur weil der Kaiser diese in die im 15. Jahrhundert an die Hohenzollern vergebenen Kurlande nicht schon mit eingeschlossen hatte. Brandenburg leistete seine Beiträge als Reichsstand für *alle* seine Besitzungen; die dem Kaiser sonst vorbehaltenen Hoheitsrechte wie Standeserhöhungen konnten andererseits auch für Brandenburg und Preußen nur von der Reichshofkanzlei in Wien ausgeübt werden.

Diese drei Hauptgruppen territorial unverbundener kurbrandenburgischer Besitzteile waren nun 1701 zu einem Königtum Preußen zusammengeschlossen worden: Der magdeburg-märkisch-pommersche mittlere Teil, der westfälisch-niederrheinische westliche und der preußische östliche Teil. Der Lehnscharakter des Reiches ließ es nicht ohne weiteres zu, daß einem lehnsabhängigen Teilgebiet die Königswürde beigelegt werden konnte. Indessen ist nicht hierauf die Einschränkung im Titel 'König in Preußen' zurückzuführen. König 'in' (und nicht 'von') Preußen galt nur so lange, als dem Königreich Preußen nicht der *gesamte* Umfang des Preußenlandes zugehörte, das zum Ausgang der Zeit des Deutschen Ordens in je eine östliche (die 1511 an das Haus Hohenzollern kam) und eine westliche Hälfte (die als 'west'-preußischer Ständestaat in der Lubliner Union 1569 unter die Krone Polen gestellt wurde) geteilt worden war. Erst die 'Recuperation' Westpreußens 1772 hat es ermöglicht, daß Friedrich der Große in vollem Besitzstandsrecht den Titel 'König von Preußen' führen konnte.

'Preußen' bezeichnete das Siedlungsgebiet eines baltischen Stammes ostwärts vom Unterlauf von Weichsel und Nogat, den der Deutsche Orden dort um das Jahr 1230 antraf. Sie nannten sich 'Prußen' (Prussai, Prutheni) und hatten damals schon einen Bischof, den Zisterzienser Christian, der sich „primus *Prussiae* episcopus" nannte. Papst Gregor IX. richtete in jenem Jahre an die „Fratres domus sanctae Mariae Theutonicorum in Theutonia et *Prutenorum* partibus constitutis" seinen Segenswunsch und die Ermunterung zu treuem Ausharren in der Verteidigung des Glaubens. Die „moneta terrae *Prussiae*" bezeichnete die im gesamten Staatsgebiet des Ordens beiderseits der Weichsel bis zur Memel hin im 14. Jahrhundert gültigen Währungseinheiten. Von der Kennzeichnung des Landes ist der Name auf die Bevölkerung übergegangen; mit der Landesbezeichnung waren unterschiedslos ebenso das Territorium wie auch die Einwohner altpreußischer (richtiger: prußischer) Abkunft und die Zuwanderer gemeint. Aus einem Landstrich also wurde ein Stammesname abgeleitet. Am Anfang des 18. Jahrhunderts verlief die Grenze des Herzogtums Preußen von der Ostseeküste, nördlich der Seestadt Memel beginnend, nördlich des Memel-Flusses bis zu 23° östlicher Länge von Greenwich sich erstreckend; die Grenzlinie bog hier scharf nach Süden, dann nach Südwesten und Westen oberhalb des 53. Breitengrades, lief an den Grenzen des Bistums Kulm entlang nach Nordwesten und sparte Westpreußen und, an dessen östlicher Seite, das konfessionell katholisch verbliebene Ermland aus, das wie ein sich verbreiterndes Tuch in die Mitte der Südhälfte Ostpreußens hineinzog. Die Ostseeküste wurde in der Mitte des Frischen Haffs und der Frischen Nehrung wieder erreicht. Eingeteilt war das Herzogtum in die drei 'Kreise' (von der Größe späterer Kammerdepartements, nachmaliger Regierungsbezirke) Königsberg, Insterburg, Marienwerder, diese wiederum in insgesamt 31 Amtshauptmannschaften (in der Größer späterer Kreise). Hauptstadt war Königsberg in Preußen mit altem Deutsch-Ordensschloß und moderner, in Ausbau begriffener fortifikatorischer Umwallung. Bis 1724 setzte sich diese Stadt an der Pregelmündung aus drei nebeneinanderliegenden selbständigen Städten zusammen; unmittelbar an der Ostsee lag deren befestigter Vorhafen Pillau. Königsberg war die Geburtsstadt des ersten Preußenkönigs, sie wurde seine Krönungsstadt und blieb wiederholt Nebenresidenz des Hofes, zeitweise auch der Zentralverwaltung.

Von diesem Herzogtum wurde entsprechend dem Vertrag zwischen Kaiser Leopold I. mit dem Kurfürsten von Brandenburg der Name auf den Gesamtstaat, der damit zum Königtum in allen seinen Teilen erhoben wurde, und auf alle seine Einrichtungen, die dem Herrscher unmittelbar unterstanden, übertragen. Dem Krönungsakt wohnten neben dem Hofgefolge, der Geistlichkeit und den Ständen auch die Minister, die Deputierten von Adel, Ritterschaft, Städten und Behörden bei. Am Tage nach der Salbung wurden diese vom König in feierlicher Audienz empfangen; es war dies keine eigentliche Huldigung, da eine solche gegenüber dem Kurfürsten bei dessen Regierungsantritt 1690 bereits erfolgt war. Jedoch bewies eine Beteiligung der Mitträgerschaften des neuen Königreichs, daß hier unterschiedslos, ohne Vorbehalte oder Privilegienwünsche vorzubringen, durch ihre Ergebenheitsbezeugungen die Verbindlichkeit der Krone als Staatssymbol anerkannt werden sollte. Die Reichskleinodien wurden auf Wunsch der Stände drei Tage lang öffentlich zur Schau gestellt: die Krönungsornate, Kronen, Zepter, Reichsapfel, Reichssiegel und das Reichsschwert des ersten hohenzollernschen Preußen-Herzogs Albrecht, das nunmehr in die Kroninsignien aufgenommen wurde und noch bei der letzten preußischen Königskrönung Wilhelms I. in Königsberg 1861 von dem Herrscher als Schutzsymbol erhoben worden ist. Huldigungen und Gratulationsempfänge folgten auch nach Rückkehr des Königspaares in die Hauptresidenz Berlin im Mai 1701. Nach auswärtigen Gesandten, die bereits unmittelbar nach der Krönung in Königsberg ihre Glückwünsche angebracht hatten, darunter besonders der polnische Gesandte und der Bischof von Ermland, haben die Vertreter der in Berlin akkreditierten Mächte, vornehmlich von Österreich, England, Kurhannover, Kurpfalz und den Niederlanden, nach dem überaus glanzvollen Einzug des Königs in die Hauptstadt dem sich in neuer Würde darstellenden Souverän ihre Aufwartung gemacht. Eine Folge von Festen, an denen jedermann beteiligt wurde, feierte das Ereignis. Feuerwerke nie gesehener Helligkeit ließen die Stadt erstrahlen: 'Berolinum' stellte seine leuchtenden Buchstaben um in 'Lumen orbi': Licht und Glanz der Welt. Der Generalzeugmeister ließ 100 Kanonen und 20 Mörser in einfallsreichsten pyrotechnischen Figuren donnern und sprühen, „wie ein vierfaches Gewitter", bemerkte der Oberzeremonienmeister in seinem Bericht: „Dieses währte zwo ganzer Stunden, in denen immer was Neues und Veränderliches zu sehen war, und diejenigen, die Brandenburg von Brand und Brennen herleiten, sich in dieser Meinung mehr als jemals bekräftigt hielten." Ehrenpforten im überladenen Stil der Zeit überboten einander. Mit allem nur denkbaren barocken Pomp und Glanz haben Königsberg und Berlin darin gewetteifert, der ungeteilten Anerkennung ihres Staates und Königs festlich Ausdruck zu geben und den dafür sehr empfänglichen Souverän in seiner Würde zu bestärken. Der hatte freilich nicht nur verschwenderische Züge gezeigt; es wurde wenig bekannt, welche Schätze er bei jener Gelegenheit auch wieder einzutreiben und anzuhäufen verstanden hat. So hatten schon die Abgesandten der Provinzen Brandenburg, Magdeburg, Cleve, Pommern, Halberstadt und Minden, der Grafschaften Ravensberg, Hohnstein, der Universität Frankfurt an der Oder bei Überreichung ihrer Glückwunsch- und Huldigungsadressen in Berlin zugleich recht ansehnliche und handfeste Kronsteuern mitzuliefern, wovon Brandenburg allein 160000 Reichstaler beitrug.

Mochte der Orden 'de la générosité', den der 10jährige Prinz Friedrich 1667 stiftete und der auch tatsächlich ausgegeben wurde, einer Mischung von Spiel und Geltungsbedürfnis entsprungen sein, der Orden 'Sincère Amitié' von 1692 den opportunistischen Zweck verfolgt haben, die Rückversicherung mit Kursachsen zu erneuern und zu festigen, so hat Friedrich I. mit der Stiftung des Ordens vom Schwarzen Adler am Vortage der Krönung in Königsberg etwas Bleibendes geschaffen. Er wurde der Orden der Monarchie, der von Anfang bis Schluß den höchsten Rang einnahm und behauptete. Nur für Standespersonen oder solche Persönlichkeiten bestimmt, die zur Nobilitierung vorgesehen waren, hat er mit der Einschränkung auf jeweils nur 30 Mitglieder Elitecharakter beansprucht und zugleich eine Art 'Garde du Corps' um die Person des Königs angestrebt, ein Treue- und Lehnsverhältnis, eine Verfügbarkeit zum Dienst um den Herrscher und für die von ihm gestellten Aufgaben; eine wirkliche Ordensritterschaft, keine bloße Dekoration. Das Sinnbild, der Schwarze Adler, ist aus dem Wappen des Herzogtums Preußen entnommen; einst hatte Kaiser Friedrich II. den schwarzen Reichsadler dem Hochmeister des Deutschen Ordens für dessen Wappenschild verliehen. Jetzt überhöhte der Rang des schwarzen preußischen Königsadlers den des roten kurbrandenburgischen Aars. Die Devise des neuen Ordens: „Suum cuique" war dem Hohenzollernfürsten nicht fremd; Friedrich hat hier seinen Wahlspruch, den er bereits 1673 auf eine Medaille hatte schlagen lassen, wiederholt und zu allgemeinem Ansehen und wohlmeinender Interpretation gebracht: „um Recht und Gerechtigkeit zu üben und jedwedem das Seine zu geben". Es ist zuzugeben, daß der Singehalt ausdeutbar blieb nach vielerlei Richtungen, und daß er dadurch zu einem zweifelhaften Orakel werden konnte, anstatt eine unmißverständliche anerkennende Hochschätzung des in den Orden aufzunehmenden Personenkreises auszudrücken. Angesichts zahlreicher Fehlgriffe im Grad der Auszeichnung und mancher Rechtsbrüche, kalter Verachtung von Menschen, die sich durch äußerste Hingabe an den Staat hervortaten, denen jedoch Haft und Dienstentlassung statt Belohnung widerfuhr, ist der höchste preußische Orden auch mehr als andere der nachträglichen Abwägung ausgesetzt worden, wie dicht Fälle gerechter und ungerechter Entscheidungen beieinander liegen konnten. Schon dem ersten König waren aufsehenerregende Fehlentscheidungen unterlaufen, wie die Behandlung des verdienten Ministers Eberhard v. Danckelmann zeigt. In der anspruchsvollen, selbstsicheren Art, wie Dekorationen zu hoch angesetzt, derartige Mißgriffe hingegen nicht überprüft und berichtigt werden durften, liegt etwas Verhängnisvolles und Erschreckendes. Der Schwarze Adlerorden sollte den Träger an das Institut der Krone binden und hat es auch über zwei Jahrhunderte hinweg bewirkt. Zugrunde lag zweifellos der Gedanke der Verfügbarkeit über Menschen als Stützen des Thrones. Das ging so weit, daß die sonst bei Hintersassen übliche Schollenpflichtigkeit auch für die Paladine der Krone verbindlich gemacht wurde. In den Statuten des Schwarzen Adlerordens findet sich folgende Bestimmung: „Damit Wir auch Unsere Vasallen und Untertanen, welche Wir mit diesem Unseren Orden begnadigen, jederzeit zu Unseren Diensten bereit und an der Hand haben mögen, so soll keinem von denselben freistehen, von dem Ort seines gewöhnlichen Aufenthaltes an einen anderen über 20 Meilen von demselben abgelegenen Ort zu reisen, ohne daß er zuvor Uns Nachricht davon gegeben habe." Dem damals üblichen Wechsel des Dienstherrn sollte ein Riegel vorgeschoben werden, damit nicht Minister und andere Spitzenkräfte aus Staat und Wirtschaft in das Ausland abwanderten. Letztlich ging es eben doch nicht um die Person des Königs, sondern um den von ihm personifizierten Staat in seiner gesamten Erstreckung, in territorialer wie ständischer Beziehung.

Daß in dem neuen Königreich auch sichtbar Wohlstand herrschte, sollte nach außen deutlich werden durch die Entfaltung von Künsten und Wissenschaften. Bauten, Denkmäler, Feste mit Theateraufführungen, Feuerwerk, Musik und Tafelfreuden sollten demonstrieren, daß eine bisher nicht gekannte Pracht die Hofhaltung des Monarchen auszeichnete. Mochte dies der Mode der Zeit unterliegen, so wird hierin dennoch nicht nur eine Nachahmung des Stils von Versailles zu sehen sein, wenngleich der Hof des Sonnenkönigs sonst als das maßstabgebende Vorbild galt. Demgegenüber war in Berlin, Potsdam und Königsberg als den bevorzugten Residenzstädten eigenständigen Schöpfungen Raum geschaffen worden, die nicht fremde Formen unvermittelt in andersartige Umgebungen versetzten, sich vielmehr mit Überlegung und Geschmack der märkischen oder preußischen Landschaft und der bisherigen Bausubstanz anzupassen wußten. Schon der Große Kurfürst hatte Berlin von der Landstadt zur barocken Residenz erheben wollen; neben das aus dem 15. und 16. Jahrhundert stammende Schloß setzte er 1646 den 'Lustgarten' und ließ von holländischen, aber auch selbständig beteiligten einheimischen Baumeistern die Vorstädte Friedrichswerder und Dorotheenstadt sowie die zum Tiergarten führende Lindenallee anlegen; noch 1688 wurde mit dem Bau der Friedrichstadt begonnen. König Friedrich I., der schon als Kurprinz eine entschiedene Neigung zur Repräsentation gezeigt hatte, hat diese Anfänge systematisch weiterentwickelt. Das alte Stadtschloß wurde von dem Danziger Baumeister und Hofbildhauer Andreas Schlüter seit 1698 im Äußeren und Inneren wesentlich umgestaltet; 1703 wurde Schlüters gewaltiges Reiterstandbild des Großen Kurfürsten im Auftrag des Königs vollendet, das auf der Langen Brücke in Berlin seinen Platz fand. Das nach Plänen von Johann Arnold Nering 1695–1706 gebaute Zeughaus Unter den Linden wurde von Schlüter mit halbplastischen Dekorationen versehen. In der Nähe des Schlosses baute er in schwerem hochbarocken Stil Gießhaus, Alte Post und Marstall. Nach dem Einsturz seines Münzturms wurde Schlüter 1706 entlassen, blieb freilich noch Hofbildhauer, bevor er 1713 nach St. Petersburg ging. Den weiteren Ausbau des Stadtschlosses übernahm Johann Friedrich Eosander v. Göthe 1707; er fügte das dekorative Westportal hinzu und erbaute auch das Berliner Schlößchen Monbijou. Für den neuen König hatte er die prunkvoll-überladenen Krönungsdekorationen in den Schlössern und auf den Plätzen von Königsberg und Berlin 1701 entworfen. Schlüter wiederum schuf das Standbild Friedrichs I., das in Königsberg Aufstellung fand. Daß er an dem Umbau des Krönungsschlosses entscheidenden Anteil genommen habe, wurde lange Zeit angenommen; tatsächlich war es der damalige Königsberger Baudirektor Joachim Ludwig Schultheiß v. Unfriedt, der nach Stil und Ausführung Schlüter hierin sehr nahestand. Nering entwarf die auf der erweiterten Schloßfreiheit 1701 vollendete Burgkirche in Königsberg, das erste reformierte Gotteshaus im Herzogtum Preußen, das der König anläßlich der Krönungsfeierlichkeiten einweihte.

Westlich von Berlin, in Alt-Lietzow, schuf Eosander v. Göthe nach Plänen von Nering das Sommerschloß der Königin Sophie Charlotte, das Schloß Lietzenburg mit holländischem Park. Hier fanden Feste, Musik- und Theateraufführungen statt, aber auch literarische, philosophische und theologische Colloquien, in deren Mittelpunkt die geistvolle Königin stand, die hierzu mehrfach Gottfried Wilhelm Leibniz aus Hannover einlud, der im Schloß wohnte. Nach dem Tode der Königin 1705 erhielt der Ort mit dem Schloß Stadtrechte und den Namen Charlottenburg. Die Neustädte wurden 1709 mit Berlin-Cölln zur Königsstadt Berlin vereint, deren Einwohnerzahl damit auf 56000 stieg.

Neben den Künsten hat sich Preußens erster König auch der Wissenschaften in besonderer Weise angenommen und seinen Namen mit einer Reihe berühmt gewordener Einrichtungen verknüpft. Nach Gründung der kurbrandenburgischen Universität Frankfurt an der Oder (Viadrina) im Jahre 1506 durch Kurfürst Joachim I., nach der durch Herzog Albrecht von Hohenzollern 1544 errichteten Albertus-Universität in Königsberg in Preußen und der clevischen Landesuniversität in Duisburg 1655 durch Kurfürst Friedrich Wilhelm wurde in Halle an der Saale im Jahre 1694 durch den Kurfürsten und nachmaligen König Friedrich die vierte Landesuniversität, bestimmt für das Herzogtum Magdeburg, eröffnet. Sie gewann vom Augenblick ihrer Gründung an einen allgemeinen Ruf als modernste hohe Bildungsstätte Deutschlands. Christian Thomasius, August Hermann Francke mit seinen segensreichen Stiftungen (Schulen und Waisenhaus) im Gründungsjahr der Universität, schließlich der 1703 nach Halle berufene Mathematiker und Philosoph Christian Wolff gehörten zu Lebzeiten König Friedrichs I. zu den berühmtesten ihrer Professoren. In demselben Jahre 1694 wurden in Berlin die Akademie der Künste und im Jahre 1700 die Sozietät der Wissenschaften durch Friedrich gegründet. Den entscheidenden Anteil daran hatte Gottfried Wilhelm Leibniz, der die Statuten auf Veranlassung der Kurfürstin Sophie Charlotte entwarf. Darin wollte er die Grundlagen für ein Wissenschaftsgebäude legen, in dem ein harmonisches Zusammenwirken zwischen den Erkenntnissen der Naturwissenschaft, den vielfältigen Strömungen menschlicher Kulturäußerungen unter Bezugsrichtung auf die gemeinsame Lebensauffassung christlicher Bekenntnisse vereint werden konnten. Die philosophisch-theologischen Colloquien im Schloß Lietzenburg, die in akademischem, nicht politischem Stil das Problem der Toleranz und der Annäherung der Konfessionen behandelten, entsprangen dieser Gedankenwelt.

An seinem Krönungstage hatte Friedrich I. das Königliche Waisenhaus in Königsberg gestiftet. Nach dem Vorbild der Franckeschen Stiftungen in Halle schuf er eine Internatsschule für je 12 reformierte und lutherische Waisenknaben. Die Erziehung lag in den Händen je eines reformierten und lutherischen Geistlichen. Das nach Plänen von Schlüter errichtete zweistöckige Gebäude trug einen Kuppelturm mit einer Wetterfahne in Gestalt eines Adlers. Die Gottesdienste wurden abwechselnd reformiert und lutherisch gehalten, das Abendmahl gemeinsam genommen. Hier zeichnete sich die Richtung der künftigen Konfessionspolitik ab.

Der Übertritt des Kurfürsten Johann Sigismund zum reformierten Bekenntnis Weihnachten 1613 hatte das Verhältnis des Landesherrn zu seinen lutherischen Untertanen sehr belastet. Für den damals bevorstehenden Gewinn des jülich-cleveschen Erbes mochte dies von (aufs Ganze gesehen belanglosem) Vorteil sein; in der Kurmark jedoch und im Herzogtum Preußen gab es kaum einen Calvinisten. Gerade zu jener Zeit war der lutherisch-calvinische Gegensatz schärfer als zuvor; das Wort „lieber Papist als Calvinist" galt wie sonst in Norddeutschland auch uneingeschränkt in Brandenburg. Der Übergang von der markgräflichen in die kurbrandenburgische Linie 1618 verlief deshalb im Herzogtum Preußen keineswegs störungsfrei und nicht ohne Vorbehalte, die noch ein halbes Jahrhundert andauern sollten. Die schwächliche Haltung des Kurfürsten Johann Sigismund in Bekenntnisfragen wurde am Vorabend des Dreißigjährigen Krieges überdeutlich sichtbar, als der Polenkönig als Gegenleistung für die Belehnung mit Preußen den Bau einer katholischen Kirche in Königsberg erzwang, der ersten nach der Reformation. Kurfürst Georg Wilhelm verbrachte die längste Zeit seiner Regierung in Königsberg, wo er auch beigesetzt wurde. Er gewann seinen Rückhalt gegenüber Polen an dem Schwedenkönig Gustav Adolf. Der Große Kurfürst hatte wieder bewußt an dem calvinischen Bekenntnis festgehalten, das seiner Wesensart entsprach und das er in seinen Wirkungen anläßlich des Aufenthaltes in den Niederlanden in jungen Jahren schätzen gelernt hatte. Seine erste Ehe mit der Oranierin Luise Henriette befestigte diese Einstellung. Sein Nachfolger war zu ängstlich, durch Aufrührung dieser Fragen unnötige Schwierigkeiten in seinen vielgestaltigen Ländern hervorzurufen, bevor er diese nicht in festere Formen staatlichen Zusammenhalts gebracht hatte. Seine Stellung als reformierter Herrscher konnte er sicherer behaupten, seitdem im Westfälischen Frieden das reformierte Bekenntnis reichsrechtlich den Katholiken und Lutheranern gleichgestellt worden war. Wenn König Friedrich eine paritätische Behandlung der Konfessionen praktizierte, war dies mehr, als es der verschwindend kleine Anteil der Reformierten in seinem Lande erwarten konnte. Die Erhebung der beiden Oberhofprediger Ursinus (reformiert) und von Sanden (lutherisch) zu Krönungsbischöfen zeigte dies öffentlich; die hier zugleich gesetzte Rangordnung trat noch deutlicher vor die Öffentlichkeit, als der reformierte Bischof unter Assistenz des lutherischen die Salbung vollzog. Für die zeremoniellen Unterschiede hatte die damalige Zeit ein feines Gespür. Im Zusammenhang mit den Krönungszeremonien erfolgte die Einweihung der reformierten Burgkirche. Dort befand sich der König auch in konfessioneller Hinsicht auf landesherrlichem Gebiet. Es konnte nun nicht mehr geschehen, was seinem Vorfahren zugestoßen war: Als Kurfürst Johann Sigismund seinen ersten reformierten Gottesdienst in Königsberg 1617 in der Schloßkirche hielt, predigte am Tage darauf der lutherische Schloßprediger über den Propheten Amos Kapitel 8 Vers 10 („Ich will eure Feiertage in Trauer und alle eure Lieder in Wehklagen verwandeln – spricht der Herr").

Die königliche Würde hatte den Einfluß des Staates auch auf die kirchlichen Behörden verstärkt. Wie Offiziere und Staatsbeamte, Akademie und Universitäten, so führten seit 1701 auch die kirchlichen Landeskollegien die Bezeichnung 'königlich'. Nach wie vor galt, daß 'in ecclesiaticis' die nunmehr königlichen Konsistorien selbst zu entscheiden hätten, daß aber das 'jus supremum episcopale', höchstes und souveränes Recht 'circa ecclesiastica' als oberste Aufsichtspflicht des Staates über die äußere Ordnung der Kirche und ihre Organisationen allein dem König zustehe und weder vom Konsistorium noch von den Ständen beeinträchtigt werden könne. Andererseits konnten die Konsistorien ihre Anordnungen in allen Fragen der nichtgeistlichen kirchlichen Verwaltung im Namen des Königs wirksamer durchsetzen als bisher.

Nun aber begannen auch die konfessionellen Kanzelstreitigkeiten gegeneinander nachzulassen, das Zeitalter der Aufklärung beförderte die Toleranz. Wenn in dem unbedachten Bekenntniswechsel von 1613 ein Sinn erblickt werden kann, dann dieser: die Bewohner Brandenburgs daran zu gewöhnen, daß unter ihnen auch Anhänger anderer Konfessionen leben konnten, denen mit Duldung zu begegnen war. Eine neue, versöhnliche Glaubensrichtung erleichterte das, deren Eifer sich nicht an Formeln maß, sondern an der Innerlichkeit der Überzeugung: der Pietismus, der von Halle aus das ganze Land und bald auch den Hof erreichte. Diese Richtung erhielt eine bedeutende Wirkung, als um die Wende zum 18. Jahrhundert dieses glaubensintensiv praktische Christentum sich nicht weltabgeschieden auf die Ursprungsregion beschränkte, sondern sich weltklug zum bestimmenden Bestandteil der Hofgesellschaft und damit des Staates im ganzen Königreich Preußen entwickelte. Das neue Königtum war hier als Institution angesprochen.

Was immer an Aufgaben innen und außen in zunehmender Kriegsbedrängnis auf Preußen zugekommen war: der Gesamtstaat bewährte sich, war im Rahmen der umgebenden Mächte geachtet und unangefochten. Ob die insgesamt noch schmale Substanz dieses neuen Staatsgebildes bereits jetzt den fortgesetzt überhöhten Ansprüchen gewachsen bleiben würde, war noch keineswegs zu übersehen. Der Monarch jedenfalls hat bis zu seinem Tode nicht daran gezweifelt.

II. DIE INNERE FESTIGUNG DES STAATES

Im Jahre 1713, als der Spanische Erbfolgekrieg mit dem Friedensschluß von Utrecht zu Ende gegangen war, starb König Friedrich I. In der Regierung folgte sein Sohn Friedrich Wilhelm I., vermählt mit Sophie Dorothea, Tochter des Königs Georg I. von England, Kurfürst von Hannover. Es war eine Neigungsehe vor politischem Hintergrund, um die Bindung Preußens an den Kurs Hannovers und der Seemächte zu verdoppeln; sie lag im Interesse des damaligen Leiters der britischen Diplomatie, John Churchill Herzog von Marlborough, der Preußen nicht durch den Nordischen Krieg abgelenkt sehen wollte. Er bediente sich dafür der in Berlin zuständigen Minister und vor allem des damaligen Kronprinzen Friedrich Wilhelm, der vor Eifer glühte, zu den preußischen Regimentern ins Feld ziehen zu können, deren Fahnen im Mittelfeld den zur Sonne auffliegenden preußischen Adler zeigten mit der Devise: „Non soli cedit" – eine den Zeitgenossen nicht verborgene Hindeutung, daß Preußen auch nicht dem französischen Sonnenkönig zu weichen gedenke. Auf militärischem Gebiet lag des Kronprinzen größtes Betätigungsfeld, in dem er ganz aufging. Sonst bewirtschaftete er sein Gut Wusterhausen, preßte aus dem kargen Boden Überschüsse, um das Kronprinzen-Regiment zu vermehren, dessen Chef er war und auf dessen Ausbildungserfolge in der Feldbewährung er stolz sein konnte. In der schon wissenschaftlich ausgereiften modernen Kameralistik flüchtig, in den nur schwer lehrbaren Staatsverwaltungsgeschäften nicht ausgebildet, blieb er Dilettant und Autodidakt bei zweifellos vorhandener Begabung für organisatorische Probleme und bei angeborener hohenzollernscher ökonomischer Veranlagung. Ungestüm und vorschnell, von derber Wildheit, jähzornig, hart, willkürlich, war Friedrich Wilhelm unbeherrscht; dabei tätig, arbeitsam, fleißig, unermüdlich. Praktisch und nüchtern, haßte er alle Selbstdarstellungen, Feste, Vergnügen, die er als nutzlose Zeitvergeudung verachtete. Weniger vom Verstand als vom Wesen her zeigte er sich als strenger Puritaner; eine calvinisch gefärbte, wenn auch nicht tiefer begründete Berufsaskese verlangte er von sich und allen anderen.

Unter solchen Vorzeichen war es zu befürchten, daß der seit mehr als einem Jahrzehnt offensichtliche Vater-Sohn-Konflikt im Hause Hohenzollern mit einem drastischen Wechsel des Regierungsstils enden würde. In kalter, ungewöhnlicher Beherrschung ließ Friedrich Wilhelm seinem Vater eine Totenfeier ausrichten mit allem Gepränge, wie dieser es gern gesehen haben würde. Dabei wußte er schon bei der Ausrufung seines Königsnamens, wen er künftig zu seinen Diensten nicht mehr gebrauchen würde. Kaum war das Leichenbegängnis beendet, da sah sich bereits der Hofstaat aufgelöst, zahlreiches Personal, das bisher unentbehrlich schien und treu gedient hatte, ohne die geringste Unterhaltssicherung oder Abfindung entlassen, hohe Beamte und Offiziere auf Halbsold gesetzt, engste Vertraute aus der Kronprinzenzeit in ihrer Gage gekürzt. Künstler und Bauhandwerker wurden abgedankt, das königliche Tafelsilber fuhr in die Schmelze und wurde ausgeprägt, um gehortet zu werden. Die Bestürzung war ungeheuer; mit Staunen, Bedauern und Schadenfreude nahmen die Höfe Europas wahr, wie hier ein Prozeß der Verwüstung und Selbstzerstörung hereinbrach, dessen irrationale, radikale Motive unergründbar und daher erschreckend erschienen.

Spätere Historiker haben den Grad der Verschwendungssucht, Bestechlichkeit, Unterschleife und Nachlässigkeit im staatlichen Finanzwesen unter dem ersten König für solche rigorosen Maßnahmen des Nachfolgers verantwortlich gemacht und eine unmittelbar bevorstehende Gefahr für den Staat sehen wollen, zu deren Abwendung die äußersten Mittel hätten eingesetzt werden müssen. Es ist wahrscheinlich, daß sich die Befürchtungen Friedrich Wilhelms in dieser Richtung bewegt haben; doch wird bei ihm eine grundsätzliche Abneigung gegen jede Art von Repräsentation sichtbar, der er sich in jedem Falle zu entledigen wünschte. Man weiß heute, daß Friedrich I. einen beträchtlichen Staatsschatz in den Schloßkellern aufgehäuft hatte und Friedrich Wilhelm sehr bald davon Kenntnis erhielt. Das hat ihn nicht veranlaßt, den Auflösungsmaßnahmen, die er befohlen hatte, wieder Einhalt zu tun. Die Einseitigkeit und Grenzenlosigkeit, mit der hier die Staatsreputation abgebaut wurde, hat seinem Lande schweren und dauernden Schaden zugefügt. „Korporalisch hart und freudenlos“ hat noch Ernst Moritz Arndt solche Kargheit genannt und diese als einen Wesenszug Preußens bezeichnet; er entspricht den im Innern verödeten und eintönig weiß getünchten Kirchen im Bereich der reformierten Konfession. Der moderne Erklärungsversuch, daß es sich hier um die Ablösung der aristokratischen durch die bürgerliche Lebensweise gehandelt habe, befriedigt um so weniger, als es zu allen Zeiten aristokratische Geizhälse und bürgerliche Verschwender und Bankrotteure gegeben hat. Zutreffender ist der Hinweis auf den – oft unterschätzten – Einfluß des Halleschen Pietisten August Hermann Francke, dessen Reformbewegung gegen den übertriebenen Lebenshaltungsaufwand in den sozialen Oberschichten entschieden Front machte. Worin das wirklich erzieherische Vorbild Friedrich Wilhelms I. bestanden hat, ist erst nachträglich erkannt worden in dem persönlichen Stil seines Lebenszuschnitts, der sich durch Anspruchslosigkeit, Sparsamkeit, Pünktlichkeit, unermüdliche Arbeitskraft und Verläßlichkeit auszeichnete. Hierin liegt der Ertrag eines Lebens in gigantischer Einseitigkeit. Unausgeglichen bleibt das Verhalten gegenüber Mitarbeitern und Untertanen, das unbegründet von Fürsorge in Menschenverachtung umschlagen kann. Demgegenüber erscheint jedoch sein Staatsbewußtsein vorwärtsweisend, weil er den Staat von der Person des Herrschers löst. „König von Preußen" heißt die Staatsidee, der auch der Preußenkönig als Person genauso dienstbar zu sein hat wie sein letzter Untertan. Das Hausgesetz von 1713 verbietet ausdrücklich dem Herrscher, seine Länder zu teilen oder mit ihnen wie mit Privateigentum umzugehen.

Es ist wesentlich diese neue Dienstgesinnung, die gegenüber bisherigen Auffassungen die Regierungsweise Friedrich Wilhelms I. von seinen Vorgängern unterscheidet. Sie hat zu seiner Zeit nichts Vergleichbares, bleibt auf Preußen beschränkt und löst in der Welt aufgeklärter Großzügigkeit und verfeinerten Geschmacks zwiespältige Gefühle der Beklemmung und Bewunderung aus. Der neue preußische Beamtenstil wird vom König vorgelebt und von dem letzten Staatsbediensteten als selbstverständlich und ohne Dank verlangt: sein Amt für den Staat und nicht für sich zu verwalten, mit größter Präzision die höchste Wirkung mit geringstem Einsatz von Mitteln zu erzielen, unbestechlich, zuverlässig, sparsam mit den Kräften für den Nutzen der Gesamtheit zu arbeiten. Die Auszeichnung liegt bei karger, aber pünktlicher Besoldung ausschließlich in der Bestallung durch den König zum Beauftragten für einen ihm allein anvertrauten Wirkungskreis. Nur dieser Auftrag berechtigt einen Staatsbediensteten gleich welchen Ranges, über andere Menschen verfügen und entscheiden zu können, Hoheitsrechte in staatlichen Angelegenheiten auszuüben.

Ansätze zu einem modernen, auf die Erfordernisse des Gesamtstaates gerichteten Verwaltungsbeamtentum hatte es schon unter dem Großen Kurfürsten gegeben; sie waren am Ende seiner Regierungszeit vor den urtümlicheren dynastischen Belangen wieder verblaßt. Die Regierungsweise des Nachfolgers war zunächst folgerichtig auf Zusammenhalt des Erbes, auf Vollendung des Eingliederungsprozesses der im 17. Jahrhundert gewonnenen neuen Provinzen gerichtet, zu denen das oranische Erbe und der Erwerb Gelderns kamen. Die doppelte Anstrengung des noch nicht sehr gefestigten Staates: die Königswürde zu erlangen, sie anerkannt zu wissen und in gefährlichem Balancespiel inmitten von zwei großen europäischen Kriegstheatern sich zu behaupten, erforderte einen Aufwand, der den Staat übermäßig belasten mußte. Als dann unerwartet schwere Seuchen als Kriegsfolgen hinzutraten, begann eine Krise, die energische Abhilfe durch grundlegende Veränderungen der Verwaltungsstruktur erforderte.

In Kurbrandenburg führten am Ausgang des 17. Jahrhunderts die Regierungsgeschäfte Staatsminister als Leiter einer zentralen Verwaltungsbehörde, die noch nicht nach außen- und innenpolitischen Fachbereichen getrennt, auch gar nicht zu trennen war. Unter dem Großen Kurfürsten, der Mitarbeiter reformierten Bekenntnisses bevorzugte, waren sieben Söhne des in der oranischen Grafschaft Lingen tätigen Landrichters Danckelmann in brandenburgische Dienste getreten als Minister, Gesandte, Konsistorial- und Regierungspräsidenten und wurden sämtlich in den Freiherrnstand erhoben. Der einflußreichste unter ihnen war Eberhard von Danckelmann, Erzieher des Kurprinzen, seit dessen Regierungsantritt Leiter der Politik als Präsident der Zentralbehörde des Geheimen Rats. Aus diesem suchte er einen Staatsrat mit übersichtlicher Geschäftsverteilung und regelmäßigen kollegialischen Beratungen über Angelegenheiten, die Gesamtinteressen des Landes betrafen, zu bilden. 1689 hatte er die Geheime Hofkammer eingerichtet als Zentralbehörde für die Domänenverwaltung aller Provinzen, was zu errechenbaren, zu kontrollierenden und zu vergleichenden Einnahmeübersichten führte und für einen geordneten Staatshaushalt eine wesentliche Vorausetzung bedeutete. Der glücklose Ausgang des von Brandenburg an der Seite der Reichstruppen mit großem Aufwand mitgetragenen Pfälzischen Erbfolgekrieges, die Hofintrigen gegen den mächtigen Leitenden Minister, die Abneigung der Kurfürstin gegen ihn und seine Weigerung, in der Frage der brandenburgischen Standeserhöhung endlich die Verhandlungen einzuleiten, führten 1697 zu Danckelmanns Sturz und Verhaftung unter Beschlagnahme seines Vermögens, obwohl ihm keine strafwürdige Verfehlung nachgewiesen werden konnte. Die Ansätze zu einem angemessenen Verwaltungsaufbau waren jedoch mit seinem Abgang zerstört.

An Danckelmanns Stelle wurde Johann Kasimir Kolbe von Wartenberg aus pfälzischen Diensten übernommen, der Typ des Höflings ohne Tradition und ohne Verantwortung für den Staat. Er machte sich dem König persönlich unentbehrlich bei der Erwerbung der Königswürde. Durch ihn konnte als Hofmarschall der ebensowenig an das Haus Brandenburg gebundene Reichsgraf August von Sayn-Wittgenstein hochkommen; die Steuerverwaltung hatte – nicht zu seinen Ungunsten – Graf Alexander Wartensleben in der Hand: so regierte das „dreifache W“ des Landes mit verheerenden Folgen für den Staatshaushalt. 1710 kam endlich nach langer Verheimlichung zutage, in welchem Maße diese Günstlingswirtschaft korrupt gewesen war; Wittgenstein wurde verbannt, Wartenberg ging mit Pension auf sein Gut Woltersdorf. An dem Sturz dieser Günstlinge war bereits Kronprinz Friedrich Wilhelm beteiligt; diese Erfahrungen haben nicht wenig zu seiner radikalen Ablehnung der Ministerwirtschaft beigetragen.

Die Übernahme der Regierungsgeschäfte fiel in die Zeit von zwei rund um Mitteleuropa tobenden Kriegen von weiter Erstreckung und langer Dauer. Für Huldigungsfeierlichkeiten war keine Zeit, auch ließ der König keine Gelegenheit dazu. Friedrich Wilhelm I. übernahm die Staatsgewalt so, wie es ein Gutsherr tut, der seine Ländereien umfährt und die Vollzähligkeit des lebenden und toten Inventars kontrolliert. Nicht in höfischen Formen der Huldigung, sondern durch Besichtigung und Revue seiner Provinzen, angesichts gleichzeitiger drängender diplomatischer, militärischer, wirtschaftlicher und bevölkerungspolitischer Probleme gewissermaßen nur nebenbei und unauffällig, stellte der König an Ort und Stelle den vollzogenen Übergang der Herrschaftsausübung fest. Die Persönlichkeit Friedrich Wilhelms ist dennoch nicht ohne innere Widersprüche. Er zeigt evangelische Haltung, bleibt aber politisch überkonfessionell. Die Neigungen zum Luthertum, sogar zum Pietismus, waren deutlicher als bei seinem Vater. Der König hat es dem pietistischen Prediger Lysius nicht nachgetragen, daß er ihm mit großem Freimut in der Predig gegenübertrat: „Er hat mir zwar vieles derb genug gesagt, aber es ist sein Amt“, stellte Friedrich Wilhelm I. fest; er berief ihn zum Hofprediger, Professor und Inspektor der Schulen und Kirchen in Preußen, denen auch – erstmalig – die Kirchen adligen Patronats unterworfen waren. Ohne kirchliche Mithilfe, unter Rückgriff auf Francke in Halle, wäre die Wiederbesiedlung des von einer verheerenden Pest entvölkerten Herzogtums Preußen so rasch nicht möglich gewesen. Bei den dort eben angesiedelten, wegen ihres lutherischen Glaubens aus der Heimat vertriebenen Salzburgern fand der Pietismus rasch Eingang. Für Friedrich Wilhelm I. blieb Halle mit seiner pietistischen Prägung das Muster einer Universität, nach der die älteren sich zu richten hatten. Obwohl er sonst nicht gerade die Wissenschaften förderte und die Akademie arg verkommen ließ, stellte er bei den Hallenser Theologen praktische Wirkungen fest. Aus gleichem praktischen Grunde stiftete er 1726 die Berliner Charité als Garnison- und Stadtkrankenhaus, gleichzeitig als Stätte ärztlicher Ausbildung. Das blieb – im Unterschied zu seinem Vater – seine einzige Gründung im wissenschaftlichen Bereich.

Friedrich Wilhelm I. hat die innere Organisation seines Staatswesens neu gefaßt. Er baute den Staat von militärischen Bedürfnissen her auf. Die Gefährlichkeit der Ohnmacht inmitten kriegerischer Auseinandersetzung hatte ihm der Verlauf des Spanischen Erbfolgekrieges, der ganz Europa erschütterte, schon als Kronprinz eindrucksvoll gezeigt. So steht die Armee an einer bevorzugten Stelle im Staate als Schutz- und Abschreckungsinstrument. Schon als Kronprinz hatte sich Friedrich Wilhelm aus den Einkünften seines Gutes Wusterhausen ein Regiment geworben, aus dem er eine Muster- und Lehrtruppe machte, wobei er eine Vorliebe für groß gewachsene Leute entwickelte, die bald zum Prinzip ausartete. Zwei volle Jahrzehnte hat man benötigt, bis durch die Einführung des Kanton-Systems die größte Willkür im Unwesen der Werbemethoden für den Heeresdienst eingedämmt wurde. Bis dahin war Preußens Ansehen ein unendlicher Schaden zugefügt, Unsicherheit und Abneigung gegen den Soldatenstand bei seinen Bewohnern verbreitet worden. Der Armee selbst war mit wahllos zusammengerafften Individuen nicht gedient, die nach Methoden „geworben" waren, mit denen die britische und manche andere Marine damals ihre Schiffsbesatzungen zu vervollständigen pflegten.

Gemeinsam mit seinem Freund, dem Fürsten Leopold v. Anhalt-Dessau, hatte der König sich um die Vereinheitlichung von Mannschaftsstärke, Uniform, Ausrüstung und Bewaffnung in den Einheiten sowie um die Ausbildung in der Exerziertaktik bemüht. Vor allem stellte er das Offizierkorps auf eine andere Grundlage: Aus dem Unternehmer, der den Krieg als ein Geschäft auffaßte, der wegen des Gelderwerbs Soldat war, wurde ein Offizier, der seinem König um der Ehre willen dient. Landeskinder, mit besonderer Vorliebe aus dem Adel, wurden dazu herangezogen; zunächst nicht ohne Widerspruch, denn die Vasallenpflicht schien wiederaufzuleben. Was später als Bevorzugung empfunden wurde, erschien zunächst als lästige Pflicht. Seit dem Jahr 1725 trug der König selbst stets die Uniform. Er bezeichnete damit den Offiziersstand auch äußerlich als einen herausgehobenen Stand in seinem Staate; seine Armee trug das gleiche Kleid wie der König, sie trug des Königs Rock. Die Armee wurde um das Doppelte vermehrt, sie stieg von 39 947 (1713) auf 81 034 (1740) Mann und umfaßte 1740: 32 Infanterie- und 21 Kavallerie-Regimenter zuzüglich technische und Garnisontruppen; noch wurde ein Drittel im Ausland angeworben. Die „Werbung" entwickelte sich bald zur gefürchteten Menschenjagd innerhalb und außerhalb Preußens. Es hat allzu lange gedauert, bis die Praxis der unbegrenzten Dienstzeit aufgegeben wurde und dem Beurlaubtensystem wich. 1739 waren von den Infanterieregimentern über die Hälfte der Mannschaften für 9 Monate im Jahr beurlaubt und in der Landwirtschaft und in Handwerksbetrieben beschäftigt. Je größer das Heer wurde, desto schwieriger wurde die notwendige Rekrutierung. So entwickelte sich das Kantonsystem: Jedes Regiment erhielt einen Landesbezirk zur Ergänzung seines Rekrutenbestandes. Diese Zwangswerbung traf jüngere Bauernsöhne und Handwerker, da die gebildeten Stände und die Arbeiter in anspruchsvollen Manufakturen von der Kantonspflicht befreit waren. Die vom König bei seinem Regierungsantritt vollzogene Vermehrung des Heeres bestand in erheblichem Maße in der Umgliederung zu einer kampftauglichen Feldarmee durch Auflösung von Garnisoneinheiten, Festungstruppen, Verminderung von Invalidenkompanien und durch Festsetzung von zweckmäßigen und gleichmäßigen Etats bei den Regimentern. Die Organisationsbegabung des Königs hat auf dem ihm zunächst bekannten Felde mit ökonomischen Mitteln eine optimale Wirkung angestrebt und sogleich unter Beweis gestellt – ein Musterbeispiel dafür, wie nach solchem Grundsatz auch andere staatliche Bereiche zu rationalisieren waren. Wichtiger noch als die Vermehrung der Armee selbst war dem König die unumschränkte Verfügungsgewalt über sie, die Unabhängigkeit von fremden Subsidienbeiträgen.

Um aber das Heer aus eigenen Mitteln bezahlen zu können, bedurfte es peinlich geordneter Finanzen. Auf dem Gebiet der Finanzverwaltung hat Friedrich Wilhelm I. eine bemerkenswerte Begabung entwickelt. Zunächst wurde die Domänenverwaltung neu geordnet. Der Verkauf von Staatsbesitz wurde untersagt und die Domänen meistens auf 6 Jahre an Bürgerliche verpachtet. Die Erweiterung des Domanialbesitzes erfolgte durch Aufkauf und innere Kolonisation.

Nicht weniger wichtig war die Steuerverwaltung, sie wurde dem Generalkriegskommissariat unterstellt, da sie die Mittel für den Unterhalt des Heeres aufzubringen hatte. Die alten Grundsteuern blieben im wesentlichen unverändert, jetzt wurde zusätzlich eine einheitliche Grundsteuer – auch für adlige Güter – eingerichtet, der „Generalhubenschoß“ (= Allgemeine Hufen-Steuer), zunächst in Preußen, dann in Pommern und der Neumark. In die städtische Selbstverwaltung wurde jetzt scharf eingegriffen und je ein staatlicher Beamter als Aufseher eingesetzt, der für die Einbringung der städtischen Hauptsteuer, der Akzise, verantwortlich war. 1723 wurden die beiden obersten Finanzbehörden, das Generalfinanzdirektorium und das Generalkriegskommissariat, zu einer gemeinsamen Behörde, dem „General-Oberfinanz-Kriegs- und Domänendirektorium“ (Kurzform: Generaldirektorium) vereinigt. Entsprechend wurden auf

Provinzebene die Kriegskommissariate und die Domänenkammern, die in ständigem Kompetenzkampf miteinander gelegen hatten, je zu einer einheitlichen Verwaltungsbehörde zusammengeschlossen, den „Kriegs- und Domänenkammern". An die Stelle des nicht mehr periodisch zusammentretenden Ministerconseil des „Geheimen Rats" setzte Friedrich Wilhelm I. bald nach seinem Regierungsantritt eine neue Geschäftsverteilung für die übernommenen Minister fest, die außer ihren Fachbereichen zugleich noch für territoriale Angelegenheiten zuständig waren. Diese Vermischung von Real- und Territorialprinzip bot sich an bei den damals kleinen Dimensionen nach der Bevölkerungszahl und entsprechend überschaubaren staatlichen Maßnahmen. Der Vorzug lag in dem genaueren Überblick über die Belange des Gesamtstaates, den sich zunächst jeder Minister für sich, sodann der Ministerrat insgesamt verschaffen konnte, und in dem Vorbehalt der Entscheidungsbefugnis an der Staatsspitze. Die Gefahr der Entfremdung der Minister von den Provinzen, die später bei der Trennung der Ressorts eintreten sollte, war eingeschränkt, so gut das bei damaligen Verkehrs- und Meldeverhältnissen erreichbar war. Durch diese Kombination verschob sich jedoch die Haupttätigkeit auf die Ressorts der Minister; die gemeinsamen Sitzungen im Geheimen Rat gingen auf zwei, seit 1722 auf eine in der Woche zurück.

Die Aufgabengliederung, Geschäftsverteilung und Arbeitsweise des späteren Generaldirektoriums hatte sich bereits frühzeitig angebahnt. Schon im Geheimen Kabinettsministerium war die regionale Gliederung des Gesamtstaates erheblich gestrafft worden; zugleich waren den ursprünglich sechs Departements bereits 1713 die Sachressorts, noch mit manchen Überschneidungen, zugeteilt worden. Durch die Reform von 1723 war nun die Einteilung auf vier Departements übersichtlich verringert worden, wodurch allerdings die Arbeitslast für ein jedes Departement mit neuen Aufgaben der Territorien noch wachsen mußte. Die für das Generaldirektorium charakteristische Einteilung stellte sich so dar, wie sie bis zum Ende der Regierungszeit Friedrich Wilhelms I. verblieb:

I. Departement:	Ostpreußen, Pommern, Neumark; Minister Friedrich Wilhelm v. Grumbkow (Staatsministerium, Krieg)
II. Departement:	Kurmark, Magdeburg, Mansfeld, Halberstadt, Hohnstein GehR Joh. Andr. Kraut (Kommerz und Fabriken)

III. Departement: Geldern, Cleve, Moers, Mark, Neuchâtel
Minister Friedrich v. Görne
(Domänen)

IV. Departement: Minden, Ravensberg, Tecklenburg, Lingen
Minister Ehrenreich Boguslaw v. Creutz
(Finanzen)

Diese Einteilung blieb mit geringen Änderungen sogar noch unter Friedrich d. Gr. bis 1766 bestehen. Auffallend ist, daß die drei regionalen Hauptgruppen (Ost, Mitte und West) sich enger verzahnten, wobei im Westen die Unterscheidung zwischen einer „rheinischen" und einer „westfälischen" Untergruppe gemacht wurde, die je eine eigene Leitung beanspruchten. Die Tendenz, die Zahl der Provinzialdepartements zu verringern, bewirkte, daß 1766 die Dreizahl der Hauptverwaltungsdepartements entsprechend den geographischen großregionalen Gegebenheiten hergestellt worden war. Fünf Jahre später wird das III. zu einem reinen Provinzialdepartement für Mitte (außer Kurmark) und Westen des Königreichs umgebildet. In einer schneller laufenden Zeit suchte die Verwaltung sich den neuen Aufgaben rasch anzupassen, ohne den personellen Rahmen wesentlich zu vergrößern. Es war alles zu vermeiden, was der Beweglichkeit der Verwaltungsorgane schaden und damit indirekt die wirtschaftliche Entfaltung hemmen konnte.

Der wirtschaftspolitische Schwerpunkt lag auf der Entwicklung der einheimischen Manufakturen. Die Beschaffung billiger Rohstoffe und billiger Lebensmittel, die Fernhaltung fremder Konkurrenz durch Erhöhung der Zölle dienten dem Bestreben, den wichtigsten Industriezweig des damaligen Preußen zu fördern, die Textilmanufaktur. Bereits in seinem ersten Regierungsjahr begründete der König die größte Textilfabrik des damaligen Deutschland in Berlin. Dort wurde ein Lagerhaus für Rohmaterial eingerichtet, aus dem in Heimarbeit grobe Garne gesponnen wurden. Die Weberarbeiten, Einfärbung und Zurichtung bis zur endgültigen Herstellung besorgte die Manufaktur selbst. Nicht nur die Einkleidung für das Heer im Inlande, sondern auch für den Zivilbedarf, bald auch auf ausländische Rechnung, wurde in zunehmend besserer Qualität geliefert; nach diesem Betriebsvorbild sind auch für andere Produktionszweige in den größeren Städten Preußens derartige Manufakturen eingerichtet worden, nicht nur in staatlicher, zunehmend auch in privater Regie. Das Berliner Lagerhaus mit seiner Manufaktur war zwar ein Staatsbetrieb, dessen kaufmännische und gewerbliche Aufsicht jedoch an private Unternehmer übertragen wurde.

Diese hatten sich bei Ein- und Ausfuhr, Lagerung, Rohstoffbeschaffung und Absatzgestaltung an die staatlichen Richtlinien zu halten, in die alle bisherigen Erfahrungen eingebracht waren. Gerade die preußische Getreidehandels- und Magazinpolitik war in ihrer Art vorbildich und hat krisenabwehrend gewirkt. In Finanzverwaltung und Wirtschaftspolitik hat Friedrich Wilhelm allgemein bemerkenswerte Erfolge erzielt. Er hat seinem Staat die materiellen Mittel bereitgestellt, die ihn später zu einer selbständigen Politik im Rahmen des europäischen Staatensystems befähigen konnten. Er hat zugleich die Arbeitsleistung der Bevölkerung vermehrt und dadurch den Wohlstand gehoben. Der Begriff des geregelten Dienstes ist eine neuartige Erziehungsfrucht dieses Königs, der sich selbst um die kleinsten Einzelheiten kümmerte. Es war ein Ethos des sich selbst auferlegten Zwanges, der Bescheidung und Genügsamkeit, das in Preußen nicht als Selbstzweck, sondern für den Dienst am Staat entwickelt wurde. In der entsagungsvollen Verwaltungsarbeit des sogenannten Soldatenkönigs liegt die Vorbereitung für die kommenden Kraftproben und die Leistungen seiner Nachfolger. In einer verfeinerten höfischen Welt französischen Geschmacks steht Friedrich Wilhelm I. bewußt ohne Etikette und konventionelle Bildung. In der äußeren Erscheinung seines Wesens, in der Freude an den rohen Späßen der abendlich um ihn versammelten Männergesellschaft des Tabaks-Kollegiums, in seinem schlichten Gottvertrauen erinnert er an Fürsten der Reformationszeit. Nüchterne Sparsamkeit, bürgerlicher Zuschnitt des Hofhalts, männlich-soldatische Neigungen bilden eine Ausnahme in der allgemeinen Sinnenfreudigkeit jener Zeit. Daneben gibt es bei ihm seltsame Malversuche. Von Krankheit gepeinigt, läßt der König Bilder in unförmigem Format entstehen, Versuche von grober Hand, um der Schmerzen der Gicht Herr zu werden: „in tormentis pinxit". Auch hierin drückte sich ein ruheloser Tätigkeitsdrang aus. Ihn beherrschte die Furcht zu sterben, bevor er seine ganze Lebensarbeit geleistet hatte. So verbreitete er in seiner Umgebung eine nervöse Unruhe; fortwährend versuchte er gegen das eigene Ruhebedürfnis anzugehen. Hofintrigen, zahllose Briefe und Tagebücher zeigen eine seltsame Persönlichkeit. Wilder Jähzorn, hilflose Versuche des Einlenkens, Maßregelung der königlichen Familie vor den Bedienten vermehrten nur noch den so unerwünschten Autoritätsverlust. So ermahnt er in seinem politischen Testament den Nachfolger: „Der liebe Gott hat den Fürsten auf den Thron gesetzt, nicht zu faulenzen, sondern zu arbeiten und seine Länder wohl zu regieren." Er ist bestrebt, sein eigener Finanzminister, sein eigener Feldmarschall und sein erster Verwaltungsbeamter zu werden. Im überschaubaren Preußen am Anfang des 18. Jahrhunderts ist das noch möglich. Mit nie ermüdender Arbeitskraft hat er verwirklicht, was er im politischen Testament seinem Nachfolger ans Herz legt: „Ein Regente, der mit honneur in der Welt regieren will, muß seine Affairen alle selber tun."

Eine besondere Fürsorge ließ Friedrich Wilhelm I. der inneren Kolonisation angedeihen. Der Grund dafür war nicht nur die vom absolutistischen Wirtschaftssystem des Merkantilismus geforderte Vermehrung des Untertanenbestandes, um die Macht des Staates zu steigern. Die Folgen des Dreißigjährigen Krieges standen vielmehr immer noch vor aller Augen und verlangten dringend Abhilfe. Allein in Brandenburg lagen viele Hunderte von Bauernhöfen wüst, die bei dem Mangel an Menschen erst langsam wieder besetzt werden konnten. In anderen Provinzen stand es nicht besser. Zur wichtigsten Aufgabe der inneren Kolonisation in Preußen wurde seit 1713 das Retablissement Ostpreußens. Das Herzogtum Preußen, besonders in seinem nördlichen Teil, war in den schweren Pestjahren von 1709 und 1710 im Gefolge des Nordischen Krieges entsetzlich heimgesucht worden, rund ein Drittel der Bevölkerung, etwa 300000 Menschen, waren der Seuche zum Opfer gefallen. Weithin war das Land verödet, ganze Ortschaften ausgestorben, die Ländereien unbebaut. Mit unermüdlicher Anstrengung brachte es der König dahin, daß im Laufe von zwei Jahrzehnten wieder ein leidlich bebautes Land mit wachsender Bevölkerungszahl und zunehmendem Wohlstand geschaffen wurde. Das Wichtigste war die Gewinnung neuer Kolonisten. Es bot sich die günstige Gelegenheit, bei den aus Glaubensgründen ausgewiesenen evangelischen Salzburger Exulanten zahlreiche Ansiedler zu gewinnen. Das Einladungspatent vom Februar 1732 gab dem Strom der Salzburger Aussiedler sogleich die Richtung nach Preußen. Insgesamt waren mehr als 20000 Salzburger in Preußen angekommen, davon siedelten 14000 in Ostpreußen. Zu diesem Zeitpunkt war die schon unter dem Großen Kurfürsten begonnene Aufnahme von Schweizern, Nassauern, Pfälzern und vor allem französischen Hugenotten zum Abschluß gekommen. Die Schwierigkeiten der Ansiedlung in fremdartigen Verhältnissen, zudem im Spätherbst, waren beträchtlich. In der Rückschau hat der Nationalökonom Gustav Schmoller die Bewältigung dieser Aufgabe mit Recht als ein sozialpolitisches Meisterwerk bezeichnet. Engste Mitarbeiter des Königs beim Retablissement als Vorbedingung der Salzburgeransiedlung waren der erste Oberpräsident von Ostpreußen, Karl Heinrich Graf Truchseß zu Waldburg, der im Dienste dieses Werkes den Tod fand, und der Minister im Generaldirektorium Friedrich v. Goerne. Sehr bald hatten sich die Salzburger in der neuen Heimat eingelebt, die vornehmlich in den nördlichen Teilen des ostpreußischen Landes große und freie Bauernhöfe bot.

Die Antriebe bei den Bemühungen um die Einbürgerungen lagen auch in der praktischen Frömmigkeit des Königs: „Wenn ich baue und bessere das Land und mache keine Christen, so hilft mir alles nicht." Seine volkspädagogische Neigung ist unverkennbar. Der König hat 2000 neue Volksschulen in Preußen gegründet, im Jahre 1717 den allgemeinen Schulzwang für Kinder von 5–12 Jahren eingeführt. Erste Volksschullehrer-Seminare wurden in den Jahren 1732 in Stettin und 1735 bei Magdeburg eingerichtet.

Kamen die Salzburger – wie zuvor Schweizer, Nassauer und Pfälzer – in einen ihnen nach Sprache und Volksart verwandten Staat, so hatten es die französischen Hugenotten noch weit schwerer, sich in Brandenburg-Preußen heimisch zu machen. Sie hatten in ihrer Heimat viele Generationen hindurch um ihren reformierten Glauben hartnäckig gekämpft, oft genug unter Opfern von Gut und Blut. Die ihnen schließlich von der Krone Frankreich zugestandene Freiheit der Religionsausübung wurde plötzlich, von einem Tag zum andern, nach der Aufhebung des Edikts von Nantes widerrufen; sie waren seit 1685 aus der bisherigen staatlichen Gemeinschaft ausgestoßen. Doch sie beugten sich nicht. Befanden sich unter ihnen auch Angehörige aus dem Offiziers- und Beamtenstand, so übten die meisten Hugenotten doch Berufe der feineren und höher entwickelten Gewerbe aus; sie waren deshalb besonders in Städten, vor allem Halle, Magdeburg, Berlin, Königsberg ansässig geworden. So behielten sie dort ihre Eigenart, Sprache und Lebensweise, mit französischen Schulen, französischen Kirchen, in der „Französischen Straße" wohnhaft (nicht nur in den genannten Städten), von den übrigen Stadtbewohnern abgesondert mit Eigenarten auch in der Kleidung, Backwerk und Volkskunst. Sie waren geschickt in der Herstellung von Tuch-, Strumpf- und Handschuhwaren; unter ihnen befanden sich selbständige Unternehmer, die mit modernen Betriebserfahrungen und Arbeitsmethoden vertraut waren und diese nun an ihr Gastland vermittelten. Wegen ihrer Zuverlässigkeit, Redlichkeit und puritanischen Enthaltsamkeit waren sie geachtet. Das hugenottische Element in Berlin war um 1700 bis zu einem Drittel der Stadtbewohnerschaft angestiegen, und diese reformierten Franzosen blieben unbedingt staatstreue preußische Untertanen von hoher Disziplin, die auf der Grundlage des hugenottischen Gruppen-Zusammenhalts als vorbildlich wirkte. Diese Doppelstellung: eine konventikelhafte sprach- und glaubensmäßige Abschließung (mit französischsprachigem Gottesdienst) und der selbstverständlichen Einfügung in die Aufgabe, die durch die neue Umgebung gestellt wurde, kennzeichnen die Besonderheit des hugenottischen Heimatwechsels.

Am Abschluß der Auseinandersetzung Friedrich Wilhelms I. mit den Ständen, so niederdrückend der Ausgang für den Adel auch sein mochte, ist in der staatlichen Verwaltung die Vollendung des Absolutismus erreicht worden. Die ständischen Nebenregierungen in den Provinzen, die Landtage und Adelskorporationen verschwanden als mitbestimmende politische Körperschaften. Die Krone war von Mitbewilligungsrechten vollständig unabhängig geworden. Das aus Kauf und Erbe zusammengesetzte Staatswesen, bisher von unterschiedlichen regionalen Kräften mit ständischen Interessen bestimmt, wurde jetzt zu einer Einheit verbunden. Diese Staatseinheit gewann durch die königlichen Kabinettsorders, Erlasse, Verordnungen und Bestimmungen ihre gesetzliche Grundlage. Jetzt erst wurde die ursprüngliche Personalunion zwischen den einzelnen Ländern der preußischen Monarchie grundsätzlich befestigt.

Dieses Regierungssystem entsprang nicht despotischer Willkür, sondern entstand aus politischer Notwendigkeit. Es ist die historische Leistung Friedrich Wilhelms I. gewesen, daß er mit der Festigung des Staates nach innen die solide Grundlage geschaffen hat, die Preußen in die Lage versetzte, souverän nach außen sein eigenes Interesse wahrzunehmen. Es war nicht weniger sein persönliches Verdienst, daß er diese Machtstellung ermöglichte, ohne daß das Land unter übermäßiger Steuerbelastung zusammenbrach. Die natürliche Wirtschaftsentwicklung des Landes wurde planvoll durch staatliche Maßnahmen gesteigert.

Die Staatsräson beherrschte das Wirtschafts- und Kulturleben dieses spartanisch anmutenden Staates. Sie war Ausgangs- und Zielpunkt aller verwaltungsmäßigen und wirtschaftpolitischen Pläne und Handlungen, was immer als unbequem, ja hart empfunden werden mußte. In Preußen war eine derart extreme Einseitigkeit zur Selbstbehauptung notwendig. Viel individuelle Freiheit konnte den Untertanen nicht gelassen werden; alles, was sie taten, sollte indessen mit Hingabe im Dienste für den Staat geschehen, und daraus durfte sich ihr Freiheitsverständnis ableiten.

Bezeichnend ist, daß der im Bauwesen allgemein zurückhaltende Friedrich Wilhelm I. die Stadt Potsdam wesentlich gefördert hat. Nach Umfang und Einwohnerzahl hat sie sich gegenüber der Zeit des Großen Kurfürsten verfünffacht. Von einer bevorzugten Residenz wurde sie jetzt zur Garnisonstadt, in der die großen Grenadiere Quartier erhielten. 1720 wurde die Neustadt angelegt, Garnisonkirche und Militärwaisenhaus folgten. Das

Gewerbe richtete sich nach dem militärischen Bedürfnis; die Gewehrfabrik wurde eine industrielle Musteranstalt. 1730 entstand in Potsdam Preußens erste Samtfabrik. Die Straßen säumten zweigeschossige Reihenhäuser mit Mansardendach. Zugleich wurde für die Heeresunterkunft in Bürgerquartieren gesorgt. Bei der Vergrößerung des Stadtareals 1722 und danach ist das holländische Viertel angelegt worden. In Berlin änderte sich baulich wenig, im Gewerbe machte sich die Umstellung von Luxus- auf Gebrauchswaren bemerkbar. Nach dem Vorbild von Berlin, dessen fünf Städte 1709 vereinigt waren, ist auch die Dreistadt Königsberg in Preußen 1724 zu einer Gesamtstadt zusammengeschlossen worden.

Es war für Preußen eine glückliche Fügung, daß die Durchbildung und Festigung der inneren Staatsorganisation über zweieinhalb Jahrzehnte hinweg sich ungestört vollziehen konnte. Dem kam eine lange Friedensperiode zugute. Nach dem Utrechter Friedensschluß 1713 hatte Preußen seine Truppen aus dem Westen zurückgezogen, ohne sie zu demobilisieren; denn der Nordische Krieg zog sich nach Pommern in die unmittelbare Nachbarschaft der brandenburgischen Mittelmarken. Russen, Dänen, Schweden, Sachsen standen dort mit ihren Truppen gegeneinander, ein englisches Geschwader war in die Ostsee eingelaufen. 1713 war die schwedische Festung Stettin von Russen, Sachsen und Dänen erobert worden. Das zwang Friedrich Wilhelm I. zu einer Übereinkunft mit dem Zaren als dem stärksten und in bedrohlicher Nähe aufgetretenen Kriegsteilnehmer. Zudem hatte die preußische Politik ihr Erbanrecht wahrzunehmen, was dem Großen Kurfürsten trotz früherer Eroberung von Stettin durch französischen Einspruch verwehrt worden war. So kam es im Oktober 1713 zum russisch-preußischen Vertrag zu Schwedt, der 1714 durch einen geheimen Besitzstand-Garantie-Vertrag ergänzt wurde. Im gleichen Jahre trat England-Hannover zwecks Erwerbung von Bremen und Verden dem Bündnis gegen Schweden bei, endlich 1715 auch Dänemark, das Stralsund, Greifswald und Rügen beanspruchte. Im Frieden von Stockholm 1720 wurde Preußen der größte Teil des Gebietes um Stettin zugesprochen, das es schon besetzt hielt: „Alt-Vorpommern“ oder „Preußisch-Vorpommern“ links der Oder mit Stettin, Gollnow-Damm, Gartz/Oder, Pasewalk, Anklam, Demmin. Dafür waren an Schweden 2 Millionen Taler zu zahlen. Das übrige Vorpommern mit Rügen blieb weiterhin schwedisch. Preußen erwarb damit seinen größten Seehafen zu derselben Zeit, als es die letzte afrikanische Kolonie aus der Periode der Überseepolitik des Großen Kurfürsten veräußerte. Obwohl nun die Seeposition vor den Toren Berlins entscheidend verbessert wurde, blieb Preußen eine reine Kontinentalmacht.

Sein Geltungsanspruch ging nicht über das Reichsgebiet, in das es sich eingebunden wußte, hinaus.

In der auswärtigen Politik lag nicht die Stärke Friedrich Wilhelms I. Ihm fehlte die skrupellose Initiative. Überall traten ihm moralische Bedenken hindernd in den Weg. Die inneren Anstrengungen, die der wirtschaftlichen Entfaltung dienen sollten, hat er stets als seine eigentliche Aufgabe angesehen. Jede auswärtige Verwicklung erschien ihm als Störung, die er zu vermeiden suchte. Grimmig mußte er freilich erkennen, daß Preußen nicht jene Rücksicht zuteil wurde, die seiner Kraft entsprochen hätte. Man ging über die Berliner Außenpolitik im Reich hinweg: „Die Preußen schießen nicht." Doch hatte zu solcher Einschätzung Friedrich Wilhelm selbst beigetragen durch die Art, wie er sich bei den europäischen Mächten eingeführt hatte und sich ihnen gegenüber verhielt. Preußen hatte eine Bundesgenossenschaft ausschließlich auf der Grundlage seiner Leistung als Militärmacht anbieten können; das wirkte unheimlich. Für den Kaiser war die Bedrängnis des Spanischen Erbfolgekrieges vorüber, daher hatte das aufstrebende Österreich keinen Anlaß, mit dem Brandenburger paritätisch zu verkehren. Friedrich Wilhelm zog daraus die richtige Folgerung, sich verstärkt dem Ausbau seines eigenen Staates zuzuwenden. In der Konzentration auf die inneren Aufgaben, die in damals vollkommener Weise gelöst wurden, liegt zugleich Einsicht und Entsagung.

Nicht allein die unmittelbaren Nachbarn, wie Hannover und Sachsen, sondern auch die Wiener Politik begannen allmählich in dem erstarkenden Preußen einen unbequemen Rivalen zu wittern. Der Gewinn von Stettin und Vorpommern aus dem Nordischen Krieg veranlaßten andererseits die auswärtige Politik des preußischen Königs, sich nunmehr zunehmend durch den Gedanken leiten zu lassen, „die legitimen Prätentionen seines Hauses zu behaupten". So zeigte nach manchen persönlichen Verärgerungen die auswärtige Politik im Jahre 1725 einen unerwarteten Umschwung, der Friedrich Wilhelm I. an die Seite von England und Frankreich gebracht hat. Sein Schwager, Georg II. von Hannover-England, bewirkte das Bündnis von Herrenhausen, in dem Preußen sich an Hannover und die Westmächte anschloß, so daß zwei große europäische Bündnisse einander gegenüberstanden: England, Frankreich und Preußen gegen Österreich, die katholischen Reichsstände, Spanien und Rußland. Preußen geriet dabei schon geographisch und kräftemäßig in eine überaus gefährliche Situation. Sehr bald merkte Friedrich Wilhelm I., daß die Westmächte in ihm nur eine sichere Rückendeckung gegen die beiden großen östlichen Militärmächte sahen; so schloß er sich schon im Jahr darauf im Vertrag von Wusterhausen wieder dem Kaiser an. Es war für ihn die Wiederherstellung des „Normalzustandes“, der den König zwar in die oft beklagte Abhängigkeit von Österreich brachte, ihn jedoch zugleich von eigenen außenpolitischen Risiken entlastete. Dadurch wurde die preußische Diplomatie wieder zu einer berechenbaren Größe im europäischen Staatensystem. Schließlich wurde 1728 durch den Berliner Vertrag ein sehr enges Bündnis zwischen Berlin und Wien hergestellt. Unter den brandenburg-preußischen Erbansprüchen stand die Jülichsche Erbschaft im Vordergrund, über die man niemals zu diplomatischer Einigung mit Wien gelangt war. Die kaiserliche Diplomatie, durch den Grafen Seckendorff in Berlin ausgezeichnet vertreten, erwies sich auch diesmal der preußischen weit überlegen; so gelangte Preußen nur zu einer Anerkennung seiner Erbansprüche auf Berg, während Jülich preisgegeben werden mußte. Die europäische Krisis entlud sich dann doch 1733 in dem polnischen Thronfolgekrieg. König August der Starke war gestorben, und der Kampf um seine Nachfolge wurde wieder eine Angelegenheit von europäischem Ausmaß. Die Seemächte blieben neutral. Frankreich trat für den Schwiegervater Ludwigs XV., für Stanislaus Leszczynski, ein. Österreich und Rußland verfochten die Thronfolge des nachmaligen Kurfürsten August III. von Sachsen, und Preußen mußte in ihre Reihen treten, sehr zum Mißvergnügen Friedrich Wilhelms I., der durchaus keine Neigung dafür zeigte, daß die sächsische Dynastie auf dem Thron blieb.

Preußen hatte bei dieser Parteinahme nicht das Geringste gewonnen, sondern sich nur von Österreich für dessen Interesse einsetzen lassen. So hat Friedrich Wilhelm I. bei seinem Tode das preußische Staatswesen in seinem äußeren Umfang mit Ausnahme der pommerschen Erwerbungen in dem Zustand hinterlassen, in dem er es übertragen erhalten hatte. Nicht die Außenpolitik ist bei ihm beachtenswert, sondern die grundlegenden Umgestaltungen in Finanzwesen, Verwaltung und Heerwesen; hier lag des Königs stärkste Begabung. Seine Innenpolitik ist ausgerichtet auf die Stärkung des fürstlichen Absolutismus und die Festigung der Staatsmacht. Von Friedrich Wilhelm I. stammt jene Äußerung, deren barocke Formulierung nicht weniger bezeichnend ist als ihr Inhalt: „Ich stabiliere die Souveränität und setze die Krone fest wie einen Rocher von Bronze.“ Gewiß war dieser Absolutismus preußischer Prägung einseitig und starr, jedoch keineswegs die einzige Staatsform dieser Art in Deutschland oder Europa. Es ist zu einfach, das Wesen Friedrich Wilhelms lediglich auf den Nenner „Soldatenkönig“ zu setzen. Das sieht nach Kriegslüsternheit aus, die ihm letztlich ebenso fern lag wie seiner adretten und ansehnlichen Potsdamer Wachtparade, die er zu pflegen, nicht zu gefährden suchte. Gewiß sind die Merkmale eines „Roi sergeant" und eines „Poltron" nicht durchaus abwegig, aber als Kennzeichnung sind sie weit simpler, als es die Persönlichkeitsstruktur Friedrich Wilhelms gewesen ist.

Der König konnte die Souveränität beanspruchen als Statthalter der Institution „König von Preußen", so wie er den Staat auffaßte. Als der Hauptträger des Staatsgedankens war er auf kundige und bereitwillige Mitarbeiter angewiesen, die schon in der Lage sein mußten, den Gesamtstaat und seine Probleme zu überblicken. Das galt für die innere Verwaltung (Minister) wie für die äußere Sicherheit (Generalität). Für beide Bereiche wurden Stellen bevorzugt für den Landesadel offengehalten. Die Kraft des Vasallenstandes ist herangezogen und befähigt worden, die ersten Stellen im Staat zu besetzen. Der Ausschaltung der Stände als politische Macht ist damit viel von der diesem Vorgang innewohnenden Tragik genommen worden, indem der König mehr anbieten konnte, als die nur mitbestimmende oder frondierende Ständegesellschaft bisher zu leisten vermocht hatte. Die Zeit der Adelsopposition war seit dem Großen Kurfürsten vorüber; in dem nunmehr preußischen Staat ist der Adel von Anfang an in die ihm entsprechenden Aufgaben hineingestellt worden; er hat sie mit Hingabe und Bravour gelöst. Das Königtum der Hohenzollern hätte keine besseren Stützen des Thrones finden können. Es hat diese ständig aus dem Bürgerstand durch Nobilitierungen ergänzt. Der auf diesem Wege fortgesetzte neu gewonnene Beamten- und Schwertadel hat sich dem Königsdienst besonders verpflichtet gefühlt und dies auch unter Beweis gestellt.

Der Bürgerstand ist in Brandenburg erst mit den Residenzen Berlin und Potsdam, dann mit den Seepforten Emden, Stettin und Königsberg zu einer Entfaltung in größerem Umfang gekommen. Die Gewerbearten änderten sich unter Friedrich Wilhelm I. einschneidend, wurden aber in ihrer Vielfalt und Qualität nicht geringer. Die Städte begannen ihren Namen wieder zu verdienen und wuchsen von Ackerflecken zu Handelsmetropolen ausbaufähigen Umfangs; auf den Niedergang des 17. Jahrhunderts folgte bis zur Mitte des folgenden Säkulums eine stetig steigende Wirtschaftskapazität.

Für den Bauernstand mußten nach den Kriegsverwüstungen vielfach überhaupt erst wieder Existenzgrundlagen geschaffen werden. Es waren so viele wüste Stellen neu zu besetzen, daß die Peuplierung sich in erster Linie auf den Zuzug von Siedlern zu richten hatte. Die im Nachklang der Konfessionskrisen noch anhaltende Exulantenbewegung richtete sich bevorzugt nach Brandenburg-Preußen, weil hier trotz Kargheit und Soldatendienst günstige Entwicklungsmöglichkeiten für fleißige Familien vorhanden waren und unter annehmbaren Bedingungen geboten wurden.

Auf seine Art hatte Friedrich Wilhelm I. den Wahlspruch des Schwarzen Adlerordens in die Wirklichkeit umgesetzt: „Suum cuique". Jeden Stand, das Militär eingeschlossen, hat er in der ihm angemessenen Weise am Staat beteiligt, die Stände stärker aufeinander angewiesen und somit nicht nur mit Zwang zueinandergefügt, sondern auch die Einsicht erweckt, daß sich Interessen vereinigen sollten, und der gemeinsame Nutzen nur aus gemeinsamer Tätigkeit aller zum Wohl des gesamten Staates erwachsen kann. Die ruhige Gewöhnung und die regelmäßig emsige Tätigkeit der Friedensjahre haben dazu beigetragen, die innere Festigung des preußischen Staates zu befördern.

III. DER SCHRITT ZUR SELBSTÄNDIGEN EUROPÄISCHEN MACHT

Es sah so aus, als ob der rhythmisch wiederkehrende Generationskonflikt im Hause Hohenzollern sich nicht auf eine persönliche Auseinandersetzung zwischen Vater und Sohn beschränken würde, sondern den ganzen Staat in seinen Fundamenten erschüttern und das Aufbauwerk Friedrich Wilhelms I. auf das höchste gefährden mußte. Dabei hatte er sich selbst daran zu erinnern, daß dieses kein Einzelfall war. Der dreißigjährige Kurprinz Friedrich (der nachmalige erste preußische König) hatte sich 1687 nach einem Zusammenstoß mit seinem Vater (dem Großen Kurfürsten) mit seiner Gemahlin von Berlin entfernt, war zunächst nach Karlsbad gegangen mit der Absicht, vorerst nicht in die Kurmark zurückzukehren und hielt sich demonstrativ am Hof zu Hannover auf zu einem Zeitpunkt, der aus außenpolitischen Gründen der brandenburgischen Diplomatie höchst unerwünscht sein mußte. Persönliche Vorbehalte nahmen hier keine Rücksicht auf die Staatsinteressen, die den Nachfolger im Regierungsamt hätten verpflichten müssen. Friedrich Wilhelm I. kannte ähnliche Konflikte. Seiner Abneigung gegen den väterlichen Hofhalt (des ersten Preußenkönigs) hatte er zu keiner Zeit Zügel angelegt. Als 21jähriger Kronprinz stand er im Mittelpunkt der Opposition und brach nach vorn durch: ins Feld zur Armee. Hier schuf er sich seine Hausmacht.

Der Streich des 18jährigen Kronprinzen Friedrich (des späteren Friedrichs d. Gr.) gegen den Vater (Friedrich Wilhelm I.) und damit gegen den Staat im Jahre 1730 war unbesonnener und folgenreicher. Die ihm von mütterlicher Seite anerzogenen welfischen Vorbehalte gegen den oft nicht leicht zu ertragenden Vater, die Heimlichkeit, mit der er seine ihm auferlegte einseitige Ausbildung durch Hingabe an schöngeistige Neigungen ergänzte, verstellten dem Jungen den Blick für die tatsächliche Stellung, die er als Thronfolger faktisch besaß. Jetzt schon an Regierungspflichten zu denken, schien ihm verfrüht; gegen den Dirigismus des Vaters sperrte er sich mit ganzer Energie. Bei einer Reise mit dem König nach Süddeutschland ergab sich bei Mannheim die günstige Gelegenheit der Entfernung, um den mit dem acht Jahre älteren Leutnant v. Katte längst gefaßten Plan auszuführen, sich über Frankreich nach England abzusetzen. Die Wachsamkeit der Begleitung verhinderte das. Der König sah, nicht zu Unrecht, den Tatbestand vorsätzlicher Desertion als erwiesen an. Das in aller Form zusammengetretene Kriegsgericht konnte sich zu den äußersten Maßnahmen nicht entschließen, die der König um der Gerechtigkeit willen für erforderlich hielt und um die Disziplin in der Armee nicht von oben aufzubrechen. Die Hinrichtung des Leutnants v. Katte als Mitwisser der Fluchtpläne wurde befohlen und vollstreckt, der Thronfolger in Festungshaft gehalten. Wieder einmal schillerte der unselige Wahlspruch „suum cuique" in seiner negativen Ausdeutbarkeit. Den Thronfolger zur Abdankung zu zwingen, hatte Friedrich Wilhelm nicht gewagt. Eben dieses machte den törichten, wenngleich nicht übereilten Jugendstreich zu einem Staatsproblem, weil die Höfe von Hannover-London und Versailles längst eingeweiht waren und nun die Verlegenheit in Berlin weidlich ausnutzten. Der König fühlte sich in seiner Ehre tödlich verwundet, sah die Staatsgrundsätze stürzen und setzte Prinzipien dagegen. Der Prozeßverlauf gegen den Kronprinzen und die königlichen Eingriffe bis an den Rand einer Kabinettsjustiz verschlimmerten noch das Unglück; in der auswärtigen Reputation stand Preußen auf einem Tiefpunkt, der erklärlich war, den das Land als gesamtes aber nicht verdiente.

Es hat lange gedauert, bis die Wunde zu heilen begann. Das Miteinander suchte, zögernd noch, der erfahrenere Vater; der Sohn blieb abwartend. In seinem verhärteten Gemüt mußte eine Bastion nach der anderen aufgebrochen werden. Der so oft unbeherrschte König erwies sich als Meister in der psychologischen Behandlung des Unzugänglichen. Über den Spott der Welt hat er sich hinweggetröstet, jetzt ging es ihm um sein Lebenswerk, dem er eine Fortsetzung nach seinen Vorstellungen zu sichern wünschte. Nun endlich war der Sohn in seiner Gewalt. Der Vater nutzte sie; nicht, um ihn zu vernichten, sondern um ihn zu sich selbst zu befreien. Mit der Haushaltführung eines Taschengeldes begann es, mit der Aufsicht über die Domänenerträge ging es weiter, verbunden mit der Ausbildung in den praktischen Hantierungen des Bauernberufs auf Feld und Hof: pflügen, säen, ernten, Viehzucht und Stalldienst. Der Reflex kam zögernd, gebrochen, unter Vorbehalt und weiterhin stumm in den eigentlich bewegenden Fragen des jungen Lebens: tastende Fühler zu den Grenzen menschlicher Entscheidungsfreiheit, bedrückende Erfahrung mit Unzulänglichkeiten des Willens, aber auch erste blitzende Durchbrüche zu weiten Horizonten der Verfügungsgewalt über Menschen und Länder jenseits des sich schrittweise öffnenden Gefängnisses.

Das Staatsgebiet zu sichern und in ihm lebendige Kräfte zur Entfaltung zu bringen: im Grundsatz von äußerer Erhaltung und innerem Wachstum liegt die sehr einfache Formel für Preußens Aufgabe entsprechend der Zielsetzung Friedrich Wilhelms I. Gefüllte Scheuern der Domänengüter und unermüdlicher Drill der Regimenter – das ist Preußens äußerlich schmucklose Selbstdarstellung ohne die verschwenderischen Formen schönen Scheins. Die Tätigkeit des Landmanns, die Anreicherung der Güter durch ländliches Gewerbe, etwa durch Glasfabrikation, die Schaffung neuer Siedlerstellen, Voranschläge und Ertragssteigerungsprojekte hat der Kronprinz von Grund auf kennengelernt. Er fügte sich dem Ausbildungsprogramm. Eine neue Belastung trat auf ihn zu, als der Vater dem Thronfolger die Verlobung mit einer braunschweigischen Prinzessin zudiktierte. Friedrich zeigte bereits ein solches Maß an Selbstbeherrschung, daß er nicht mehr verletzt werden konnte. Es dauerte noch vier Jahre, bis der Kronprinz in Rheinsberg eine kleine Residenz nach seinem Geschmack aufbauen durfte; vorerst benutzte der Vater die Änderung des Familienstandes, um dem Sohn statt eines Schlosses eine Garnison zu verschreiben, in der der 21jährige sich in der Führung seines Regiments zu bewähren hatte – in der „Universität Potsdam, der hohen Schule der Drillkunst", wie Friedrich mit wieder zunehmender Spottlust bemerkte. Doch dann sah er überall Aufgaben, kümmerte sich um Schuhwerk und Ausrüstung der Mannschaften, suchte und fand seinen Führungsstil, der das Kleine beachtete, ohne im Detail steckenzubleiben. Was ihm aus jener Zeit eindrücklich blieb, faßte er zwei Jahrzehnte später präzis zusammen: „In allen Regimentern wurde das Offizierkorps von Elementen gesäubert, deren Herkunft oder Führung sie zu einem Handwerk von Ehrenmännern ungeeignet machte. Seitdem duldete das Ehrgefühl der Offiziere nur noch Männer ohne Tadel unter ihresgleichen." Als Friedrich im Sommer 1734 im Feldlager des Prinzen Eugen seinen Besuch machte, maß er die österreichischen Regimenter mit den kritischen Augen des Kommandeurs an dem seinigen in tiefer Genugtuung – freilich nicht ohne den Zug überheblicher Selbstüberschätzung, die aus dem Kalkül des Augenblickseindrucks ein Rechenexempel macht, dessen Ergebnis bereits unangefochten feststeht.

Daneben bleibt als Wesensmerkmal ein verspielter musischer Hang, der ihn zeitlebens nicht verlassen wird und der als Kompensation gegen Finanzdruck und Drill eine andere Seite des Lebens setzt: Poesie, Musik, Opern, Baukunst. Ohne diese zweite Natur, die ihn auch in das Feldlager begleitete, würde Friedrich nicht „groß", sondern un-menschlich gewesen sein. So entsteht das liebenswerte Idyll von Rheinsberg als Stück preußischen Rokokos, dem sich im Ausdrucks- und Lebensstil die Schlösser

Charlottenburg und Sanssouci, sogar die zentrale Gestaltung der Städte Potsdam und Berlin anschließen: nicht rauhe Wirklichkeit, sondern schöne Stille, abgeschiedenes Dasein, gehobener Genuß. Weder Flucht noch Illusion, vielmehr Abstand von dem Alltäglichen, um sich in größere Zeitdimensionen hineinstellen zu können, den Plänen unbeeinflußt die größere gedankliche Schärfe zu geben, den Mut zu gewinnen, Bedenklichkeiten zurückzuweisen. Es ist der Umkreis eines Lebens auf zwei Etagen, äußerlich deutlich unterschieden, aber innerlich nicht zu trennen.

Zwischen Rheinsberg, der Residenz, und Neuruppin, der Garnison, gab es noch andere, nun wirklich kronprinzliche Tätigkeiten, die der Vorbereitung auf den eigentlichen Beruf, bereits auch durch zeitweise Übernahme der Statthalterschaft für den erkrankten König, dienlich waren. 1735 allein, in königlichem Auftrag, 1736 und 1739 aber wieder mit dem Vater, hat Friedrich das große Werk der Wiederbesiedlung von 15 Städten und 500 Dörfern in Ostpreußen in Augenschein genommen, das zuletzt zur Haupttätigkeit des Königs geworden war, der in immer kürzeren Abständen auf den Abschluß dieses Unternehmens, der bedeutendsten Leistung seiner Regierungszeit, drängte. In ruhelosem Dahinstürmen von einer Umspannstation zur nächsten eilte der königliche Reisewagen über das Land, achtspännig, so wie auch Friedrich bereits – in einer Stunde – von Berlin nach Potsdam zu fahren pflegte, immer zwei Stunden seinem Gefolge voraus. Vom dahineilenden Wagen beurteilte der kritische Blick des ökonomie-erfahrenen Königs den Wuchs auf den Feldern, den Zustand der Wälder, die Bebauung in Dörfern und Städten, während auf keuchendem Pferd nebenher galoppierend, ein Landrat nach dem anderen dem König Bericht erstattete. Auf dieser letzten Inspektionsreise 1739 schlug das Herz des Kronprinzen mit dem des Vaters im Gleichtakt. Die übervollen Eindrücke entluden sich in einem Brief, der den Schwung jener Reisetage atmet: „Dieses Gebiet zählt mehr Städte und Herden als früher, hat mehr Wohlstand und Fruchtbarkeit als irgendeine Gegend Deutschlands. – Ich finde etwas so Heroisches in der hochherzigen und emsigen Art, wie der König diese Wüste besiedelt, sie fruchtbar und glücklich gemacht hat, daß es mir schien, als müßten Sie der gleichen Meinung sein, wenn Sie die Umstände dieser Kultivierung erführen.“ Voltaire, der Brieffreund, an den dieses Bekenntnis gerichtet war, ist niemals in Ostpreußen gewesen, und so hat das Besiedlungswerk dieses Land nicht jenen Propagandisten gefunden, den es verdient hat; es hätte als eindrucksvollstes Paradigma preußischer Tat ohne Ruhmredigkeit bis zum heutigen Tage kontroverslos wirken können.

Im Sommer 1739 erschien dem Kronprinzen der Vater so, „wie ich ihn mir nur wünschen kann“, und als dann der König ein Jahr später Abschied von dieser Welt nahm, tat er es „zufrieden, da ich einen so würdigen Sohn und Nachfolger hinterlassen habe“. Der Konflikt war ausgeräumt, es gab keine Vorbehalte mehr. Niemals ist ein Regierungswechsel in Preußen so nahtlos und kongruent im Übergang der Generationen verlaufen wie der des Jahres 1740, in dem zu gleicher Zeit im Hause Österreich die Schicksalsfrage der Erbberechtigung am Thron aufbrach. Zugleich wollte die Hälfte der weltlichen Kurfürstentümer ihre Gefolgschaft von Wahlkapitulationen abhängig machen, die in der Reichsgeschichte unerhört gewesen sind, seitdem die Habsburgerdynastie es verstanden hatte, sich die Nachfolge im Kaiseramt lückenlos zu sichern.

Die europäische Diplomatie hat sich von der Wirkung der preußischen Staatsraison keine zutreffende Vorstellung gemacht. Noch stand man in der Erwartung eines bevorstehenden Kurswechsels; die Abschaffung der Potsdamer Garde schien dies ebenso zu bestätigen wie die Erklärung der Glaubens- und Gewissensfreiheit und die Abschaffung der Folter. Daß jedoch die preußische Außenpolitik nach sechzigjähriger geduldiger Bindung an Habsburg einer Schwenkung fähig wäre, hielt man für undenkbar. Niemand hatte wahrgenommen, welche innere Kraft dem preußischen Staat durch die Erziehungsarbeit Friedrich Wilhelms I. zugewachsen war. So ist im Jahre 1740 zum ersten Mal eine für die betroffenen Mächte folgenschwere Fehleinschätzung Preußens erfolgt, wie sie sich 1807 nach dem Frieden von Tilsit und 1862 bei der Übernahme der Regierungsgeschäfte durch Bismarck wiederholen sollte.

Und doch gab es Anzeichen genug, daß der heimliche Wunsch Friedrich Wilhelms I., die Reputation Preußens kräftig zu demonstrieren, sehr bald und folgerichtig erfüllt werden sollte. Der „Antimachiavell“ des Kronprinzen war ein literarischer Versuch gewesen in der Art, wie damals Akademien ihre theoretisierenden Preisaufgaben zu setzen pflegten; gewiß kein Ablenkungs- und Tarnmanöver, aber ganz sicher auch keine politische Programmschrift. Vielmehr zeigte bereits die Regierungsübernahme jene unbekümmerte Keckheit, die noch oft genug, teils beifällig, teils entrüstet bemerkt werden sollte. Friedrich II., wie er sich jetzt nannte, war mit der Etikette wohlvertraut; so war es eine Herausforderung, seinen Regierungsantritt den Höfen von Versailles, Hannover und Wien durch je einen Stabsoffizier seiner Armee ankündigen zu lassen. Schon war es so weit, daß niemand einen Einspruch wagte. Die allgemeinen Prinzipien der Aufklärung, deren Befolgung bei Friedrich nicht bezweifelt werden konnten, waren jedoch auf die Raison seines eigenen Staates reduziert. Die Krönungsfeierlichkeiten entfielen, dagegen war die Huldigungsreise eine unumgängliche Sicherheits- und Festigungsmaßnahme des Staates, wofür heute jedes Verständnis fehlt unter der unrichtigen Voraussetzung, daß Preußen seit eh und je ein „zentralistischer Einheitsstaat" gewesen sei. Das ist während des Bestehens dieses Staates nie der Fall gewesen, war nicht einmal erstrebt oder für wünschenswert gehalten worden; so hat das Eigenleben der Provinzen und Landschaften fortgedauert, wenn auch zunehmend dem Gesamtstaat angepaßt. Beim Regierungsantritt Friedrichs II. zeigten schon die ihm vorgebrachten Beschwerden und Wünsche, wie wenig noch die einzelnen Teile auf die gemeinsamen Ziele des Gesamtstaates sich einzustellen gewillt oder in der Lage waren. Hier ist erst später durch die stärkere Bedrängnis von außen ein Zusammengehörigkeitsgefühl deutlicher sichtbar geworden. Friedrich hat die zahlreichen Gesuche um gesonderte Privilegierung entgegengenommen, aber nicht weiter beachtet. Die Eventualhuldigung in Pommern wurde angesichts der weiterbestehenden Überschneidungen schwedischer und preußischer Ansprüche übergangen; es wurden Privilegien geschont, aber nicht kultiviert. Zumindest sollte durch den Königsumritt erreicht werden, daß die Krone sich in Person vorstellte; zugleich wurde aber auch daran erinnert, daß keine Handlung, weder die des Monarchen noch die eines Domänenpächters, dem Belieben entspringen durfte, sondern in sinnvoller Weise aufeinander zu beziehen sein mußte. Was Friedrich in seinen wenigen Staatsschriften und den Politischen Testamenten, in ausgereiften Gedanken schriftlich formulierte, hat er bereits damals in wohlabgewogenen Adressen an Provinzial-Stände, Ritterschaften und Städte mit der nötigen Distanz, etwas hochmütig-unterkühlt, doch unmißverständlich, mündlich mitzuteilen gewußt.

So waren, um die neue Verfahrensweise zu verdeutlichen, der Provinz Cleve vom Großen Kurfürsten und auch noch von seinem Nachfolger angesichts der mehrfachen Notwendigkeit, das Land als Aufmarschgebiet durch Truppendurchzüge und Armeeleistungen beschweren zu müssen, Sonderregelungen zugestanden worden. Die dort noch sehr rege ständische Regierung, der gegenüber die preußische Kammer sich bisher nicht recht hatte durchsetzen können, glaubte bei der Huldigung einen Katalog von Sonderrechten anmelden zu müssen und hatte die Erneuerung ihrer Reichsstandschaft gefordert. Zugleich sollten Abgaben und Militärlasten sowie die beargwöhnte preußische Landesvermessung aufhören, an der Post sollten landeseigene Fuhrunternehmer beteiligt werden. Der König nahm davon Notiz ohne weitere Veranlassung. Es kam ihm indessen sehr gelegen, daß nun in nächster Nähe ein Exempel des neuen Regierungsstils gezeigt werden konnte, das vom Bereich der Außenpolitik in seinen Folgen auch auf die Innenpolitik zurückwirken mußte. Der Bischof von Lüttich hatte die 1732 aus oranischem Erbe an Preußen gefallene Herrschaft Herstal wie sein Eigentum betrachtet, die von Preußen angebotene Geldabfindung ausgeschlagen und Aufforderungen zu Verhandlungen über eine endgültige Regelung nicht beantwortet. Unmittelbar nach der Huldigungszeremonie in Cleve, als der preußische Gesandte unverrichteter Dinge aus Lüttich zurückkehrte, rückte von Wesel aus ein verstärktes preußisches Regiment in Herstal ein. Schon zwei Wochen später war der Vertrag perfekt: gegen Zahlung von 200000 Talern wurde dem Bischof der preußische Anspruch überlassen.

Es hat demnach Anzeichen genug gegeben, daß nicht nur die Verwaltungsgrundsätze Friedrich Wilhelms I. übernommen und in seinem Sinne ausgebaut werden sollten, sondern daß auch auf dem Felde der Außenpolitik nunmehr Ernst gemacht wurde mit dem Geltungsanspruch Preußens. Die genannte Herstaler Episode war die Anwendung eines Rezepts, das der Kronprinz schon 1737 zu Papier gebracht hatte: 40 Schwadronen Dragoner im Cleveschen bereitzustellen, um im Erbfall Jülich und Berg zu besetzen: „Unsere militärische Stellung ist gut, aber unseren Unterhandlungen fehlt der Nachdruck." Letztlich ging es ihm aber nicht um Jülich, nicht um Gebiete irgendwo. Wenn Preußen Zukunft haben wollte, brauchte der Agrarstaat Ergänzungen durch Gewerbe und Industrie. Als Kaiser Karl VI. 1740 ohne männlichen Nachfolger starb und der Erbfall im Hause Österreich zu einem Reichs- und europäischen Problem wurde, richtete sich die preußische Erwerbsabsicht sogleich auf das benachbarte Schlesien und auf Böhmen. Hier lockten die Montanschätze. Vor allem: sie durften nicht in die Hand des gewerbefleißigen und bergbauerfahrenen Sachsen fallen, das (neben Bayern) seine Anwartschaft auf diese Gebiete ebenfalls angemeldet hatte. Sachsen zur Zeit Augusts des Starken umfaßte damals auch Polen bis zum Dnjepr und über die Düna hinaus; dieses riesige Territorium, mit Schlesien und Böhmen vereint, würde eine entscheidende Stellung im Reich gewonnen haben, hinter der Preußen hoffnungslos zurückgeblieben wäre. Doch auch Österreich wäre davon betroffen gewesen. Schlesien in preußischer Hand mußte deshalb nicht notwendig eine Entscheidung gegen Habsburg für alle Zeiten bedeuten. Die sächsisch-schlesische Frage zieht sich durch alle geheimen Staatspläne Kurbrandenburgs und Preußens bis in das 19. Jahrhundert hin. Diesen Motiven, die durch unleugbare zweihundertjährige Erbansprüche Brandenburgs gut gestützt waren, wird größere

Bedeutung beigelegt werden müssen als der oft vermutete unbedachte Schritt eines ehrgeizigen jungen Fürsten zum „Rendez-vous des Ruhmes". Es war eine wohlerwogene preußische Politik, geführt von erfahrenen preußischen Diplomaten. Die 1740 mit Österreich begonnene Auseinandersetzung war kein isolierter preußisch-österreichischer Krieg; vielmehr entlud sich eine bereits seit 1713 in Ansätzen und mehreren Vorspielen erkennbare europäische Krise. Preußen stand in wechselnden Bündnissen mit Frankreich, Spanien, Bayern, sogar mit Sachsen und Schweden. Bayern gewann für seinen Kurfürsten nach rechtskräftiger Wahl den Kaisertitel als Karl VII.; Preußen schied jedoch 1742 aus der Koalition aus, als es unter englischer Vermittlung den größten Teil des Herzogtums Schlesien mit der Grafschaft Glatz (allerdings ohne Teschen, Hennersdorf, Jägerndorf und Troppau) gewonnen hatte. 1745 zog Friedrich im Bund mit Frankreich nochmals nach Böhmen, um dessen nördlichen Teil bis zur Elbe zu besetzen, den Kaiser Karl VII. Preußen zugestanden hatte. Dieses Ziel zu erreichen gelang nicht, zumal der Kaiser im gleichen Jahre verstarb. Wieder vermittelte England, das an Österreichs Seite getreten war, in Aachen 1748 den Frieden auf der Grundlage des Prinzips des europäischen Gleichgewichts. Maria Theresia wurde jetzt auch von Preußen als Kaiserin und Erbin des Habsburgerreiches anerkannt. Preußen wurde im Besitz Schlesiens bestätigt, auch in Oberitalien trat Maria Theresia Gebiete ab, was Piemont zugute kam; daß Frankreich der Kaiserin die österreichischen Niederlande zurückgab, war allein England zu verdanken, das an der Scheldemündung noch niemals einen Gegner geduldet hatte.

Damit war in Europa Ruhe eingekehrt, und sie würde noch lange gedauert haben, wenn nicht der österreichische Staatsmann Graf Kaunitz unvermutet das Kunststück fertiggebracht hätte, die „Umkehrung der Bündnisse" zwischen den Großmächten zu erreichen. Wirklich „umgekehrt" aber wurde lediglich das Verhältnis Frankreichs zu Preußen, dem es jetzt als Gegner gegenübertrat. Die unüberlegte Hinwendung der Wiener Politik zu Frankreich hatte für Kaunitz jedoch zur Folge, daß England nicht mehr weiterhin Österreich schützen konnte. Denn schon der Zweite Schlesische Krieg hatte gezeigt, daß die große Auseinandersetzung Englands mit Frankreich, die zwischen Wilhelm von Oranien und Ludwig XIV. begonnen hatte, keineswegs beendet war, sich vielmehr vom Kampf um die Hegemonie in Europa zu weltweiter Auseinandersetzung um die Herrschaft über Meere und Kontinente auszuweiten begann. Kaunitz hatte auf die französische Karte gesetzt und mußte verlieren, wenn England in Übersee gewann. Mehr noch: er hatte Rußland in ein bis dahin ungewöhnliches

Bündnis mit Frankreich gebracht, sogar Schweden, was nur von momentaner Dauer sein konnte, wie jeder Kenner der nordeuropäischen Verhältnisse voraussah. Rußland war vorsichtig genug, um sich nicht weiter in einen europäischen Krieg verwickeln zu lassen, als es die Rache der Zarin für erforderlich hielt, die sich durch Friedrich von Preußen persönlich beleidigt glaubte. Bevor diese gefährliche Koalition, die nur die Gemeinsamkeit der Erwerbsabsichten zusammenhielt, zum Schlag ausholen konnte, war Friedrich dem zuvorgekommen und hatte 1756 das seit dem Zweiten Schlesischen Kriege mit Österreich verbündete Sachsen besetzt. Aus diesem reichen Lande zog er seine Hilfsmittel, und es bedurfte der englischen Subsidien nicht, um den Krieg sieben Jahre lang durchzustehen. Im Osten stand Rußland, im Norden Schweden, im Westen Frankreich; sie alle waren keine Hauptgegner.

Der Kriegsschauplatz blieb auf Sachsen, Schlesien und Nordböhmen beschränkt; Preußen blieb größtenteils ungeschützt. Die preußische Hauptstadt war zeitweise besetzt, die Mehrzahl der Bevölkerung Preußens feindlichen Einwirkungen ausgeliefert. Clausewitz hätte aus genauerem Studium der Geschichte des Siebenjährigen Krieges seine Lehre, daß bereits die Besitznahme der feindlichen Hauptstadt oder die Verfügbarkeit über die Bevölkerung oder der Sieg über das gegnerische Heer kriegsentscheidend sei, berichtigen können: eine Entscheidung war solange noch nicht gefallen, wie die Armee noch kampffähig blieb. Und das preußische Heer mit seinem König hielt sich, zuletzt oft genug nicht mehr auf eigenem Staatsboden, ein wanderndes Heerkönigtum, oft geschlagen, mit äußerster Zähigkeit und behauptete die Idee dieses Staates, nicht den Staat selbst. Nicht die britischen Hilfsgelder verursachten die preußische Widerstandskraft, sondern die unaufhaltsame Schwächung Frankreichs in dem trans-ozeanischen See- und Kolonialkrieg verhinderte den Einsatz nennenswerter französischer finanzieller, materieller und personeller Mittel auf dem europäischen Nebenkriegsschauplatz. Der Tod der Kaiserin Elisabeth von Rußland, Frankreichs Erschöpfung und Österreichs Finanznot führten nun rasch das Ende des Krieges herbei. Dieser Kalkül, die Summe der berechenbaren Abfolgen in Verbindung mit der Zähigkeit des Selbstbehauptungswillens war es, der das „Mirakel des Hauses Brandenburg“ erzwang. Der Friede von Hubertusburg bestätigte 1763 Preußen im Besitz von Schlesien (preußischen Anteils) und Glatz. Freilich war das Land ausgeblutet, seine Provinzen verwüstet, besonders Schlesien und die Neumark; Preußens Bataillone waren dahingeschmolzen, aber ein fester Kern ertrotzte verbissen unter seinen zerschlissenen Fahnen letzte Siege. Mit dem Rest des Kriegsschatzes erbaute König Friedrich das Neue Palais in Potsdam als Zeichen ungebrochenen Lebenswillens.

Preußen hatte sich bei dem Erwerb von Schlesien genau der Mittel bedient, die auch bei anderen Staaten der Zeit üblich waren. Neu war lediglich, daß man solche Verfahrensweisen – aus welchen Gründen auch immer – bisher seitens der preußischen Staatsführung nicht für möglich gehalten hat und daß deren Folgerichtigkeit und Energie in der Anwendung erschreckten. Innerhalb des europäischen Staatensystems erlangte Preußen im 18. Jahrhundert eigenständige Bedeutung. Dynastie und Staatsmannschaft, Beharrlichkeit und Kühnheit sind dabei wesentliche Elemente gewesen. Im Zusammenprall der gegnerischen Kräfte kam vieles darauf an, sich auf den Schlachtfeldern zu behaupten, wo sich die europäischen Hauptmächte in Mannschaftszahl, Finanzaufwand, technischer Leistung, Gediegenheit der Ausbildung, Güte der Ausrüstung und Intelligenz der Führung einander messend gegenüberstanden.

Bei seinem Regierungsantritt hatte König Friedrich seine Armee um 17000 Mann auf insgesamt nahezu 100000 Mann verstärkt. Davon waren 1740 nur Teile in Schlesien eingerückt: 10 Infanterie-, 5 Kavallerie-Regimenter und 34 Geschütze nebst Troß. Im Jahr 1756 hatte Preußen feldverwendungsfähig: 44 Infanterie-Regimenter, 32 Kavallerie-Regimenter und 360 Geschütze, zusammen 126000 Mann. Am Ende des Siebenjährigen Krieges verfügte Preußen sogar über 188000 Mann (ohne die Festungstruppen), während Österreichs Armee aus Geldmangel verringert war. Nach der Demobilmachung 1763 bestand das preußische Heer immer noch aus 151000 Mann. Das bedeutete volkswirtschaftlich eine hohe Belastung, obwohl durch die Neuerwerbungen Preußens Einwohnerzahl gestiegen war. Bei der anhaltenden Krisenlage in Ost- und Westeuropa hatte jedoch die hohe Präsenzstärke ihre sachliche Berechtigung. Ein verbessertes Beurlaubungssystem suchte gleichzeitig den Erfordernissen des militärischen Dienstes wie denen des Gewerbes zu entsprechen.

Die Leistungen der friderizianischen Armee sind nicht zu bestreiten. Über die Anfangserfolge in den ersten beiden Schlesischen Kriegen erhebt sich als lange bewundertes Beispiel militärischer Führungskunst der Sieg von Hohenfriedeberg (1745). Weit schwerer war das Ringen im Siebenjährigen Kriege. Nach den verlustreichen Einbußen von Prag und Kolin bleibt es erstaunlich, daß kurze Zeit danach mit Roßbach und Leuthen 1757 die Gipfelpunkte preußischer Feldherrnbegabung und Waffenerfolge des Jahrhunderts zu erreichen gewesen sind. Ihnen folgten Hochkirch 1758 und Kunersdorf 1759 als schwerste Niederlagen. Neben dem König und seinem

Bruder Heinrich sind Schwerin, Keith, Ziethen, Seydlitz und Ferdinand von Braunschweig als Heerführer zu nennen. Nicht in allen Schlachten war Friedrich siegreich; nicht alle Siege waren ihm zu verdanken. Dennoch blieb er Mittelpunkt, anziehend und abstoßend, fordernd und zurückweisend, in genialen Gedanken, denen oft die Ausführung fehlte, und in Sattelentschlüssen, die der geistigen Vorbereitung entbehren mußten. Was ihn vor anderen auszeichnete, ist die unvergleichliche Zähigkeit in der Verfolgung des einen Zieles: der Rettung seines Staates. Das klingt selbstverständlicher, als es die Umstände zuließen. Am Ende hat er den Gegnern seinen Willen aufgezwungen, unter vollem Einsatz seiner Person.

Schlesien ist die bis dahin einzige Provinz Preußens gewesen, die durch Waffen gewonnen wurde. Sie erhielt eine Sonderverwaltung, blieb der Berliner Zentrale unmittelbar unterstellt und wurde in der Verwaltungsorganisation von ihren überkommenen Fürstentümern auf die übersichtliche preußische Kreisverfassung umgestellt, die bald auch für andere Provinzen vorbildlich werden sollte. Die besondere Förderung galt dem Bergbau in allen seinen Zweigen; hier sind großzügig neue Abbaumethoden auf wissenschaftlicher Grundlage und mit maschinellen Neuerungen eingeführt worden, die dann von Schlesien aus auf die westlichen Provinzen übertragen werden konnten.

Nach Schlesien war 1744 Ostfriesland als neue Provinz entsprechend der 1714 verbürgten Anwartschaft Preußen zugefallen und in Besitz genommen worden. Justiz- und Verwaltungsreformen, Umwandlung und Vervollständigung der Behörden, deren Leistungsfähigkeit bald gesteigert wurde, trugen zum Wohlstand des Landes bei, vermehrten dessen Bevölkerung und deren Existenzmöglichkeiten. Die Gründung und Erweiterung überseeischer Handelskompanien zeigte gute Ansätze; von Emden aus fuhren preußische Schiffe regelmäßig nach Ostasien. Doch fehlten für einen großzügigen Ausbau der Fernhandelsbeziehungen noch das Hinterland und vor allem das Kapital. Erst 1772 wurde die staatlich betriebene Seehandlungsgesellschaft gegründet, die den überseeischen Warenverkehr mit preußischen Schiffen anstrebte, sich jedoch nicht vor der ersten Hälfte des 19. Jahrhunderts entfalten konnte.

Der Erwerb einer dritten Provinz, Westpreußen, erfolgte durch Vertrag. Schon als Kronprinz hatte Friedrich den Blick auf den westlichen, nach 1466 der Krone Polen unterstellten Teil des Preußenlandes („Preußen königlich polnischen Anteils") gelenkt; er hielt es jedoch nicht für angebracht, dieses Gebiet durch Waffen zu gewinnen. Es war des Königs Bruder, Prinz Heinrich, der bei seinem Besuch in St. Petersburg selbständig der Zarin Katharina den Plan der Erwerbung von Ermland und Pommerellen für Preußen vorlegte und ihr Einverständnis erhielt. Aber auch diese diplomatische Aktion war kein Alleingang Preußens. Die zwischen Rußland und Österreich drohende Kriegsgefahr konnte durch Verhandlungen über die Interessensphären beider Mächte gebannt werden. Österreich hatte 1769 in dem Bergbaugebiet der Zips berechtigte Ansprüche wahrgenommen, Rußland war im Begriff, altrussische Grenzgebiete von Polen abzutrennen; wie weit hier eine Ausdehnung folgen würde, war nach den Erfahrungen des Siebenjährigen Krieges, als Elbing, Marienburg, Dirschau, Graudenz und Thorn zu russischen Stützpunkten und Garnisonen wurden, nicht abzusehen. Die bereits nahezu vollständige Kontrolle des in Anarchie darniederliegenden polnischen Staatsgebiets durch Rußland einzudämmen, Polen in seinem Kern-Gebiet zu kräftigen und mit dem westlichen Preußen die volle und ungeteilte Souveränität über das Stammland des Königtums zu gewinnen, war Friedrichs Ziel. Er beteiligte sich an der Pazifizierung des von anhaltend heftigen Bürgerkriegen heimgesuchten Polen, um nicht übergangen zu werden und das Gleichgewicht in der deutschen und europäischen Staatenwelt zu gewährleisten. 1772 kam im Vertrag von St. Petersburg die – unzutreffend so genannte – Erste polnische Teilung zustande, an der Rußland, Österreich und Preußen beteiligt waren, richtiger als „polnisch-litauische Dismembration" (Jablonowski) bezeichnet. Preußen erhielt den kleinsten territorialen Anteil mit 36000 qkm und 600000 meist deutschen, sonst kaschubischen und polnischen Einwohnern: Pommerellen (noch ohne Danzig, wogegen Preußen sogleich Rechtsverwahrung einlegte), Kulmer Land (noch ohne die wichtige Weichselhandelsstadt Thorn), die Marienburger und Elbinger Gebiete (von denen das Elbinger Territorium bereits seit 1704 preußischer Pfandbesitz war) sowie das Bistum Ermland – alles ursprüngliche Gebiete des Deutschen Ordens. Das mittelalterliche Preußen war damit wiederhergestellt. „Regno redintegrato – Aus Anlaß der Wiederherstellung des Königreichs", lautete die Umschrift der Huldigungsmünze von 1772, die damit dem entsprach, was die österreichischen Dienstsiegel für das Karpatenvorland seit 1770 mit gleichem Recht besagten: „terrae recuperatae – wiedergewonnene Gebiete". Die Landverbindung von Hinterpommern zum östlichen Preußen war nicht länger unterbrochen.

Allerdings gelangte mit dem südlich anschließenden Netzedistrikt und mit früher abgesplitterten Teilen der Neumark und Ostpommerns trotz erheblicher deutscher Bevölkerungsteile (was jedoch bis zum Wiener Kongreß hin noch kein Motiv für Landabtretungen gewesen ist) 1772 gleichzeitig noch ein weiteres Gebiet an Preußen, das zu Kujavien, einem spätmittelalterlichen Teil des polnischen Staates, gehört hatte. Die hier unsichere Grenzführung wurde von dem Netze-Fluß bestimmt, dessen weites Urstromtal mit den notwendigen Regulierungsarbeiten gegen die jährlichen Überschwemmungen eine einheitliche Strombauverwaltung erwünscht erscheinen ließ. Als jedoch der Grenzverlauf nach hydrographischen Gesichtspunkten geregelt schien, schreckte der Preußenkönig vor der Einbeziehung eines Gebietes von dieser erheblichen Flächenausdehnung zurück. Über das Prinzip des „Äquilibrium" siegte die „Staatsraison"; der Gedanke des Gleichgewichts um jeden Preis wurde aufgegeben in der vernünftigen Erkenntnis, daß der Bogen nicht überspannt werden dürfe. Im preußisch-polnischen Grenzvertrag von 1776 wurden 246 Ortschaften mit 30000 Quadratmeilen, die bereits fünf Jahre zum preußischen Staat gehört hatten, an Polen zurückgegeben. Es kam an dieser Grenze darauf an, erträgliche Nachbarschaft zu halten und den gegenwärtigen Besitzstand Polens zu festigen und zu garantieren. Ob dies von länger dauernder Wirkung sein könne, bezweifelten freilich geheime Aufzeichnungen im Berliner und im Wiener Kabinett übereinstimmend.

Der neuen Provinz Westpreußen wurde ein umfangreiches Retablissement zuteil, wobei mit den Mitteln des Gesamtstaates bald erreicht wurde, daß das Land, das bis dahin eine geordnete Staatsverwaltung entbehrt hatte, sich merklich entwickelte und von seiner Umgebung deutlich abhob. Drei ostpreußische Hauptämter, von denen Marienwerder zum Verwaltungssitz der neuen Provinz bestimmt wurde, sind als Fundament dieser Provinz-Regierung zu Westpreußen geschlagen worden, während das Ermland zu Ostpreußen kam. Nächst Schlesien war Westpreußen die größte Provinz des Staates und stand bereits 1776 an dritter Stelle hinsichtlich seiner Bevölkerungszahl. Erst mit dieser Provinz war Preußen eigentlich zur europäischen Großmacht gewachsen, konnte sich der nun veränderte Titel „König von Preußen" als in vollem Wortsinn berechtigt erweisen.

König Friedrich hatte Schlesien erobert, Ostfriesland durch Erbschaft und Westpreußen durch Vertrag gewonnen; nach seinen eigenen Worten erwarb er sich eine „vierte Provinz" durch Landgewinnung auf dem Wege der inneren Kolonisation. Unter den zahlreichen Mitarbeitern des Königs, die mit eigenen Ideen und Mitteln die Staatsaufgaben gestalten halfen, ist Franz Balthasar Schönberg von Brenckenhoff hervorgetreten. Als Leiter der staatlichen Meliorationsarbeiten hat er die Niederungen von Netze und Warthe sowie das Oderbruch für Ansiedlungen aufbereitet. Von Westpreußen ausgehend waren Kanäle gezogen, Sumpfniederungen entwässert und Heidelandschaften aufgeforstet; im Oderbruch und Netzetal sind über

50000 neue Siedlerstellen geschaffen worden. Insgesamt wurden während der Regierungszeit Friedrichs 1500 Dörfer neu gegründet und 250000 Menschen neu angesiedelt. Dafür hat der Staat große Geldsummen aufgebracht. Nicht alle Siedlungsprojekte glückten; es gab Rückschläge und Zeitverlust, auch Abwanderungen. Siedler waren begehrt und standen nicht in beliebiger Zahl zur Verfügung. Kolonisten wurden auch im Ausland angeworben, und mehr als fünf vom Hundert der ländlichen Bevölkerung stammten um 1780 aus nichtpreußischen Gebieten. Als Ergebnis ist festzuhalten, daß in allen Provinzen die Siedlung Erfolge gehabt hat, am meisten in Ostpreußen und Schlesien. Die „Peuplierung“ war nicht nur ein merkantilistisches Prinzip, um Steuerzahler und Soldaten zu schaffen; es mußten zugleich auch die Grundlagen für ausreichende und dauernde Erwerbsmöglichkeiten erst noch geschaffen werden. Die neuen Dörfer waren nicht anders als die alten zugleich Produzenten und willkommene Verbraucher. Letztlich hat aber die nüchterne Aufklärung sich nicht damit begnügt, Untertanen nur in dieser Weise einzuordnen. Ansiedlung bedeutete Lebensmöglichkeit schaffen, und es ist der eudämonistischen Auffassung jener Zeit zuzugestehen, daß nicht nur Zahlen den Maßstab des Erfolges gaben. Die Tatsache, daß die Bevölkerung trotz der Nachwirkungen des 17. und der Kriegsverluste des 18. Jahrhunderts auf über 5 Millionen anwachsen konnte, mithin eine Verdreifachung der Einwohnerzahl erreicht wurde, mußte den Ertrag des Gewerbefleißes und damit die Staatskraft wesentlich erhöhen. Man vergaß aber nicht, daß man es mit Menschen zu tun hatte, deren Glück und Wohlergehen das höchste Ziel aller staatlichen Tätigkeit sein sollte. „Denn es ist Herrscherpflicht, seinem Volke beizustehen, und keinen dringenderen Anlaß als diesen kann es geben, wo der Herrscher allen Bedürftigen freigebig Hilfe gewähren muß“ schärfte Friedrich der Große 1768 seinem Nachfolger ein.

In Schlesien waren erste systematische Ansätze zu einer bald nennenswerten Montanindustrie geschaffen worden; mit dem aus Sachsen stammenden preußischen Bergwerksminister v. Heinitz wurde auf wissenschaftlicher Grundlage ein großzügiges Erschließungsprogramm eingeleitet, das durch technische Neuerungen im Untertagebau, durch Einsatz von Maschinen und neuartige Verhüttungsmethoden Schlesien bald zum wichtigsten Erz- und Kohleförderungs-Revier Europas nach England machte, lange bevor die Reviere in Lothringen, an der Saar und Ruhr ihre veralteten Kleinbetriebe zu modernisieren begannen.

Trotz dieser beachtlichen Erfolge, die auch im Mansfeldischen und in den halleschen Salinen erkennbar wurden, blieb Preußen weiterhin vornehmlich ein Agrarstaat. Das bedeutete keineswegs Stillstand oder gar Rückschritt. Welchen Platz sich die Landwirtschaft des 18. Jahrhunderts erringen konnte, zeigte die ökonomische Theorie der Physiokraten, die ihre Staatslehre ausschließlich von der Bodenbewirtschaftung her ableiteten. Preußen hat frühzeitig den Schritt zur Modernisierung seiner Landwirtschaft mitgemacht. Führend darin war damals England, doch nicht alle dort gezüchteten Tierrassen und Pflanzensorten waren für das Klima in Preußen geeignet. Aber eine entscheidende Umstellung des agrarischen Jahresrhythmus brachte die Einführung der Stallfütterung, was der Überwinterung und Vermehrung der Großviehhaltung zugute kam. Die Voraussetzung dafür schuf der Anbau hochwertiger Futterkräuter. Mit dem sich vergrößernden Rinderbestand konnte der Ertrag der Milchwirtschaft bedeutend gesteigert werden, ebenso die Fleischversorgung; eine hochentwickelte Pferdezucht verbesserte entscheidend die Beweglichkeit im Verkehr und vervielfachte die Personen- und Warenbeförderung auf dem Lande und in den Städten. Eine Grundbedingung für eine dichtere Besiedlung bisher wenig ertragreicher, ausgedehnter Gebiete, an denen das norddeutsche Tiefland Überfluß hatte, schuf die Einführung der Kartoffel als Volksnahrungsmittel. Zuerst in Pommern, dann in Ostpreußen und Schlesien eingeführt, hatte sie sich bei den schwankenden Erträgen der witterungsabhängigen Getreideernten als stabiler Ernährungsfaktor bewährt und in dem ganz Europa betreffenden Ernteausfall des Winters 1771/72 eine Hungerkatastrophe in Preußen vermeiden helfen. Zur intensiveren Ausnutzung verfügbaren Bodens wurde die Aufteilung der meist verwahrlosten Allmende, des dörflichen Gemeinbesitzes, gesetzlich befohlen; die Durchführung verzögerte sich jedoch wegen juristischer Bedenken über vier Jahre. Für den Übergang durch Fruchtwechselwirtschaft, der die Ertragsfläche nahezu um ein Drittel vergrößern konnte, sind in der friderizianischen Agrarreform erst Ansätze gemacht worden.

Alle diese Verfahrensweisen waren gewiß auch in anderen Ländern bekannt. Daß sie in Preußen rasch und erfolgreich angewandt werden konnten, war einer vorzüglichen Verwaltung ebenso zu verdanken wie dem hochentwickelten Domänenwesen. Der herausgehobene Stand der Domänenpächter nahm sich aller Verbesserungsmöglichkeiten mit Eifer an, um über staatliche Musterwirtschaften die neuen Agrarmethoden auf Güter und Dörfer übertragen zu helfen. Die angestrebte Freistellung der noch abhängigen Teile des Bauernstandes von der Schollengebundenheit war wenigstens so weit gelungen, daß die Leibeigenschaft als beseitigt gelten konnte; im übrigen gab es in den Provinzen, durch rechtliche und ökonomische Bedingungen unterschiedlich eingestuft, Freibauern ohne und mit Scharwerkspflicht, freie Zinsbauern, erbliche und bedingt erbliche Gutsbauern, schollengebundene, gesindedienstpflichtige und die zu Dienstleistungen für Gut und Amt herangezogene, über mehr oder weniger Eigenbesitz verfügende Landbevölkerung. Die Domänenbauern waren bereits unter Friedrich Wilhelm I. freie Leute. Eine Unzahl von Instruktionen, Gesetzen und bis in Einzelheiten gehende Anordnungen sind über Jahrzehnte hin erlassen worden, um rechtliche Vereinheitlichungen zu erreichen; dies ist erst durch das Allgemeine Landrecht 1794 in Anlehnung an die vorangegangenen Gesetzestexte erfolgt: die äußerste Entwicklungsstufe, die damals möglich war, ohne die Wirtschaftsstruktur des Staates zu gefährden.

Der Adel hatte in Preußen seinen Widerstand gegen die Krone längst aufgegeben. Obwohl er verstärkt zu personellen und finanziellen Staatsleistungen herangezogen wurde, hatte er sich, über die regionalen Landschaftsinteressen hinausgehend, der gesamtstaatlichen Aufgabe in der allgemeinen Verwaltung und im Heeresdienst verpflichtet. Die verläßlichen Bindungen durch Ehre und Reputation, damals noch voll gültig und von keinem anderen Stand entwickelt, haben die erforderliche breite Mitträgerschaft des friderizianischen Staatsbegriffs gewährleistet. Daneben hat der König das städtische Gewerbe nach Möglichkeit zu fördern gesucht, nicht durch unmittelbare Staatsregie, vielmehr durch Appell an Eigeninitiative und allenfalls Prämiengewährung, auch Hinweise auf Entwicklungs- und Absatzmöglichkeiten. Die Heranziehung auswärtiger Fachkräfte zum Aufbau von Fertigungsstätten für Gebrauchsgüter, bald auch schon zur Produktion von Luxusgegenständen wie Feinstoffen, Samt, Seide (auf der Grundlage der gewagten Maulbeerbaum-Plantagen), um auch hierin von fremder Einfuhr unabhängig zu werden, vermehrte das Angebot und verfeinerte die Qualität der Waren. Zukunftsreicher war die Errichtung von fabrikähnlichen Tuchmanufakturen in Luckenwalde (gestützt auf die umfangreiche Schafzucht im dortigen Kreisgebiet) und in Cottbus; die Schwierigkeit bestand jedoch in der Gewährleistung regelmäßig aufnahmebereiter Absatzmärkte. Die bedeutende Leinenherstellung in Bielefeld und bald auch in Schlesien ergab neben der Wollerzeugung und dem meist fiskalischen Holzeinschlag den Hauptanteil am Export Preußens.

Staatsbetriebe wurden jedoch in der Regel nicht eingerichtet; das Lagerhaus in Berlin als bedeutendste Wollherstellungsstätte war an einen Unternehmer in Aachen verpachtet worden. Lediglich die mit großen Mühen und Kosten aufgebaute, ständig von Finanzkrisen bedrohte Berliner Porzellan-Manufaktur ist 1763 in staatlichen Besitz übernommen worden. Die meisten Betriebe blieben klein, standortgebunden in Produktion und Abnahmemärkten. Selbst die Rüstungsindustrie war außerordentlich bescheiden und gegenüber der Zeit des Großen Kurfürsten nicht wesentlich vermehrt worden. Daß hier der Ausgangspunkt der preußischen Wirtschaft gelegen haben soll, ist eine ebenso weit verbreitete wie unzutreffende Annahme.

Wenn König Friedrich bereits zu seinen Lebzeiten von den Zeitgenossen der Ehrentitel eines „Großen" beigelegt worden ist, dann ist das schon angesichts der erfolgreichen Regentenleistung für den preußischen Staat berechtigt gewesen. Preußen ist jedoch unter Friedrich nicht nur eine politische Großmacht geworden, sondern hat eine vielbezeugte Anerkennung auf verschiedenen Gebieten aus allen Teilen Europas erfahren. Diese galt dem König ganz persönlich für Maßnahmen, deren Durchsetzung in Preußen als allgemeine, fortschrittliche und beispielhafte Errungenschaften der Zeit angesehen wurden. Dazu gehörte die Abschaffung der Folter, die Sicherung ordentlicher und trotzdem schneller Gerichtsverfahren, denen sich jedermann ohne Unterschied der Person zu unterwerfen hatte; vorbildlich wurde die vom König gewünschte und in seinem Staat praktisch geübte religiöse Toleranz gegenüber allen Konfessionsgruppen. Seine musikalischen und literarischen Neigungen verdienen Beachtung; doch charakteristischer für seine Persönlichkeit waren die weit gespannten Zielsetzungen aller seiner Unternehmungen, die perspektiven- und zukunftsreich zu sein schienen, auch wenn sie über menschliche Pläne, Kräfte und Vorstellungen einer Generation hinausreichten. Gehorsam und Unterordnung ließen sich mit Rechtssicherheit und Unabhängigkeit der Glaubensüberzeugung verbinden.

Indessen ist Friedrich der Große nicht unumschränkter Alleinherrscher gewesen. Er benötigte, suchte und fand seine Mitarbeiter, die ihm wenigstens auf Teilgebieten Verantwortung abnehmen konnten. Da Begabungen unter den Führungskräften Preußens schon damals nicht zahlreicher waren als anderswo, sind es nur wenige selbständige Persönlichkeiten gewesen, die dem König Entlastung zu verschaffen vermochten. Heinitz wurde bereits genannt, ebenso Seydlitz, dem Schwerin und Winterfeldt auf militärischem Gebiet zur Seite gestellt werden sollten. Als bedeutende Männer der Verwaltung verdienen Hagen, Finckenstein und Domhardt nicht vergessen zu werden. Preußen war seit seiner Begründung als Königreich stufenweise einer innerstaatlichen Vereinheitlichung zugeführt worden. Friedrich Wilhelm I. hatte für dieses Ziel wesentliche Voraussetzungen geschaffen, Friedrich der Große hat es seit seiner Thronbesteigung zu verwirklichen gesucht, nicht ohne überall und bis zuletzt Ausnahmen zu billigen und hinnehmen zu müssen. Die privilegierte Sonderstellung der westlichen Provinzen war nicht zu verändern; Schlesien und nach ihm Westpreußen wurden zeitweise aus der Zentralverwaltung herausgenommen. In Königsberg wurde nach 1774 eine längst abgestorbene, ihrer administrativen Tätigkeit entkleidete altständische Behörde durch eine umfängliche königliche Regierungsinstruktion zu vorübergehendem Leben erweckt. Ein alles umfassender, von einem Punkt und von einer Person geleiteter Mechanismus ist Preußen nie gewesen, auch gewiß kein durchrationalisierter „Maschinenstaat". Vielmehr haben – um im Bilde zu bleiben – dessen Ketten Umwege über sich nutzlos drehende Zahnräder machen müssen, während Pleuelstangen ineffektive Luftstöße ausführten; dennoch lief dieser ebenso künstliche wie wunderliche Mechanismus schnell, reibungslos und in scheinbarer Leichtigkeit. Die lange angestrebte Vereinheitlichung ist erst in der Notzeit teilweise erreicht worden und erwies sich, da zu viele Behördenebenen zu berücksichtigen waren, als pluralistisch-kollegialische Administration anfangs weit schwerfälliger und umständlicher als der ältere, zwar regional differenzierte, dafür aber mit Energie und Schnelligkeit durchlaufene Verwaltungsdienstweg.

Der Fortschritt vom persönlich beanspruchten Regierungsrecht, der inneren Souveränität, über die staatsphilosophische Maxime des 18. zur Staatswirklichkeit des 19. Jahrhunderts stellt einen bemerkenswerten Prozeß in der preußischen Geschichte dar, der nur noch nach vorne weiterzuentwickeln war. Der Herrscher hatte sich selbst durch seine Bindungen an den Staat Zügel angelegt, er hatte sich gesetzmäßig konstituiert, bevor noch irgendeine geschriebene Verfassung verabschiedet worden war.

Preußen hatte während der Regierungszeit Friedrichs des Großen sein Staatsgebiet von 119000 auf 195000 qkm vergrößert. Seine Bevölkerungszahl war trotz der Kriegsverluste von 2,2 auf 5,8 Millionen gestiegen. Nördlich der Memel beginnend bis westlich der Elbe erstreckte sich ein zusammenhängendes Staatsgebiet mit den Provinzen Ostpreußen (mit Ermland, Preußisch-Litthauen), Westpreußen (mit dem Netzedistrikt), Pommern, Schlesien (mit Glatz), Neumark (mit Schwiebus), Kurmark (mit Ukkermark, Schwedt, Cottbus und Altmark), Magdeburg (mit Halberstadt, Halle, Mansfeld und Hohnstein). Die westlichen Provinzen bestanden aus jeweils territorial voneinander getrennten Teilen: Ostfriesland, Minden (mit Ravensberg), Lingen (mit Tecklenburg), Hamm (Grafschaft Mark), Cleve (mit Geldern), Neuenburg (mit Valangin). 12 Kammern (als Provinzialverwaltungen), 12 Kammerdeputationen (als Nebengliederungen) und 1 Gouvernement bildeten einen verhältnismäßig kleinen Behördenapparat mit erheblichen Kompetenzen innerhalb der Weisungen des Generaldirektoriums als der zentralen Behörde in Berlin. Diese gliederte sich (1786) in 8 Departements, von denen die ersten vier regionale Befugnisse über jeweils mehrere Provinzen wahrzunehmen hatten, daneben zugleich Sachressorts zu bearbeiten wie Kassen-, Tresor- und Münzwesen, Grenz- und Rodungssachen, Mühlstein- und Salzregal. Das V. bis VIII. Departement, erst während der Regierungszeit Friedrichs des Großen nach und nach eingerichtet, bearbeiteten bereits reine Sachgebiete, können demnach schon als Vorläufer späterer Fachministerien gelten: Handelsministerium (V.), Kriegsministerium (VI.), Bergwerks- und Hütten-Ministerium (VII.), Ministerium für Landwirtschaft und Forsten (VIII.). Die Auswärtigen Angelegenheiten, Justiz- und Postsachen, das Geistliche Department und die Oberrechnungskammer unterstanden wie die Oberbaubehörde als Kabinettsministerien dem Geheimen Etats-Rat, dessen Leitung sich der König vorbehalten hatte. Dieses Regierungssystem war aus der Verwaltungsorganisation Friedrich Wilhelms I. erwachsen und hatte sich weiterentwickelt, ohne von Grund auf erneuert zu werden; die Behörden hatten sich darauf eingestellt, und eine zwingende Veranlassung zu Änderungen bestand nicht. Die Zuweisungen der Aufgaben an die Departements wechselten je nach Befähigung des Departementschefs; zeitweise waren zwei oder auch mehr Departements in einer Hand, so bei Hagen (4) und Heinitz (3). Leiter der Verwaltung war jedoch immer der König, der in ständiger enger Beratung mit den Ministern einen beschränkt kollegialischen Führungsstil entwickelt hatte, auf den sich die höchsten Beamten einzustellen wußten und sich auch Gehör verschaffen konnten. Jedenfalls war die einheitliche Linie der Staatspolitik gewährleistet, ohne daß an allzu kurzem Zügel geführt werden mußte. Schriftliche Anweisungen (Kabinettsorder) und Besichtigungen an Ort und Stelle (Revue) ergänzten einander.

Eine bedeutende Leistung hat Preußen im 18. Jahrhundert auf dem Gebiet der Rechtskodifikation aufzuweisen. In Fortführung der Bemühungen seines Vaters hatte Friedrich d. Gr. seinen Justizminister Samuel v. Cocceji beauftragt, eine Reform der Strafprozeßordnung durchzuführen. Die hierbei erarbeiteten Verfahrensweisen gaben Anlaß zur Heranbildung eines unbestechlichen, unabhängigen und pflichtbewußten Richterstandes in Preußen. Entscheidend für die Reform der allgemeinen Gesetzgebung wurde die Berufung von Johann Heinrich Casimir Carmer zum obersten preußischen Justizminister 1779. Zusammen mit Karl Gottlieb Svarez konnte der erste Teil eines umfangreichen Gesetzbuchs schon 1786 dem König vorgelegt werden. Die Fertigstellung und Einführung verzögerte sich wegen zahlreicher Änderungswünsche und Widerstände bis 1794. Seitdem lag ein vorbildliches Gesetzeswerk des preußischen Staates vor, das bis 1899 Gültigkeit gehabt hat, die Provinzialrechte überholt erscheinen ließ und auch für andere deutsche Staaten verbindlich wurde oder sonst auf sie einwirkte, so über Ostfriesland auf die hannoversche Rechtsentwicklung. Daß es sich mit dem Reichsrecht in Einklang befand, was Johann Stephan Pütter in Göttingen als bedeutendster Gelehrter auf diesem Gebiet feststellte, beruht nicht zuletzt auf der Entstehungsgeschichte dieser Kodifikation. Die Bearbeiter des „Allgemeinen Landrechts für die Preußischen Staaten", wie der endgültige Titel hieß, kamen aus dem Bereich des schlesischen Justizdepartements, mithin aus jener nach vielen Richtungen hin aufgeschlossenen Landschaft im Schnittpunkt von Österreich, Sachsen und Preußen, in der bewährte alte sich durch fortschrittlich neuzeitliche Grundsätze ergänzten. Hierin liegt nach der für Preußen vorbildlich gewordenen schlesischen landrätlichen Verfassung ein weiterer Beitrag Schlesiens für den Gesamtstaat vor. Dieses 1779 in Auftrag gegebene Gesetzeswerk enthält zugleich die Grundrechtserklärung für die Bewohner des preußischen Staatsgebiets (Einl. §§ 82 ff. und passim).

Erhaltung und Ausbau des Erworbenen beschäftigten Friedrich den Großen in seinen letzten 14 Lebensjahren. Territoriale Veränderungen hat er geradezu ängstlich vermieden. Die politische Lage in Europa, die er stets sorgfältig im Auge hatte, erschien ihm so wenig gefestigt, daß er von geringsten Erschütterungen unabsehbare Folgen befürchtete. Vorsichtiger als Joseph II. von Österreich und der dänische Staatsminister Struensee, die sich als Epigonen aufgeklärter Staatskunst schon auf ihn beriefen, hat der Preußenkönig nach innen wie nach außen den Bogen nicht überspannt. Außenpolitischer Berater zur Zeit der Schlesischen Kriege war Minister Heinrich v. Podewils, nach dessen Tod 1760 der diplomatisch auf den wichtigsten europäischen Gesandtschaftsposten erfahrene Karl Wilhelm v. Finckenstein; beide galten zu ihrer Zeit als bedeutende Staatsmänner und haben die Außenpolitik Preußens zu hohem Ansehen gebracht. Veränderungen auch im Reichsgebiet im Entstehen zu dämpfen war der Anlaß, der österreichischen Erwerbsabsicht auf Teile von Bayern durch eine militärische Demonstration entgegenzutreten; nach Anlage und Durchführung kein Ruhmesblatt. Die Diplomatie konnte 1779 einen Vergleich aushandeln, der Preußen die Anwartschaft auf die – 1791 erledigten – brandenburgischen Markgrafschaften Ansbach und Bayreuth brachte. Die Grenzscharmützel, in denen der von Schwierigkeiten in der ärztlichen und Proviantversorgung gekennzeichnete „Bayerische Erbfolgekrieg“ sich erschöpfte, hatten nicht strategische Stellungen, sondern die Ausbeutung der erntereifen Kartoffelfelder zum Ziel, woher der Krieg seine populäre Bezeichnung und zutreffende Einordnung erhielt. Einem weiteren österreichischen Plan, Bayern zu erwerben gegen Abtretung der österreichischen Niederlande, trat der Preußenkönig an der Spitze eines deutschen Fürstenbundes 1785 entgegen. Eine andere als diese bremsende Wirkung hat der Bund nicht gehabt; er vermochte deshalb auch nicht die Grundlage für eine Reichsreform zu bilden. Am Ende seiner Regierung, ein Vierteljahrhundert nach seinem ersten und einzigen Eroberungsfeldzug, erscheint Friedrich als Hüter der Reichssicherheit – und steht damit seinem Grundkonzept von 1740 wieder ziemlich nahe: daß Preußen ein Staat zu sein habe, der „nur von sich selber Rat nahm“ (Ranke); der gleichwohl auf Verbündete rechnen konnte, weil er über den „höchsten Punkt des mittleren Maßes“ nicht hinausgehen und kein Eroberer sein wollte (Brief Friedrichs an Algarotti, 27. Dez. 1756). Er trat nicht in der Mitte Europas als Zerstörer auf, aber 1740 wie 1785 nahm er das Gesetz des Handelns mit Energie an sich. Das Reich vom Urgrund der Goldenen Bulle an zu stabilisieren, mit dem Ansehen seines gefestigten Staates sich auf ein gleich gutes Verhältnis zu England und Frankreich zu stützen, mit Rußland als Rückendeckung: Hier liegen die ersten und nun auch schon die letzten außenpolitischen Impulse, die schließlich von der europäischen auf die Reichspolitik eingeengt wurden, freilich ohne jemals andere als preußische Interessen zu verfolgen. Der Spielraum ist ausgeschöpft; Gefahren werden überall gesehen, aber Richtung, Stärke und Sprengkraft dessen, was von 1789 an sich ereignen sollte, entzog sich der Voraussicht.

IV. GEFÄHRDUNG UND REFORM

Friedrich der Große starb 1786 in seinem Potsdamer Schloß Sanssouci. Da er kinderlos war, folgte ihm der Sohn seines nächstältesten verstorbenen Bruders als Friedrich Wilhelm II. König Friedrich, der sich über die unzureichenden Regenteneigenschaften seines Neffen frühzeitig Sorgen machte, bevorzugte dessen jüngeren Bruder Heinrich, der jedoch zu seinem großen Schmerz bereits 1767 als 20jähriger Prinz verstarb. Friedrichs Bruder Heinrich, der loyal in Diplomatie und Kriegführung dem König zur Seite gestanden hatte, zählte 60 Jahre und war zur Übernahme der Regierung nicht vorgesehen. Der neue Monarch war weder willens noch fähig, sich den Regierungsgeschäften mit annähernd gleicher Umsicht und Hingabe zu widmen, wie es sein Vorgänger bis zum letzten Tage getan hatte. Die antreibende Energie Friedrichs war erloschen, aber die Verantwortlichen fühlten sich nur von seinem Druck befreit. Die Epigonen glaubten sich von Anstrengung, Willensanspannung und Dienstbürde entpflichtet. So zog eine lässige Auffassung bald in alle Amtsstuben; die mühsam angesparten Staatsreserven wurden in Kürze verschleudert, unpopuläre aber nützliche Einrichtungen wie die von Franzosen geleitete staatliche Monopolverwaltung (Tabak, Kaffee usw.), die „Regie“, sogar einige Staatsmonopole wurden abgeschafft, ohne jedoch für die erheblichen Ausfälle Ersatz zu schaffen. Wer sich selbst unter den Beamten als Mitträger des Staates fühlte, wer die Perspektiven der Möglichkeiten ebenso wie die Gefahren zu beurteilen vermochte, war bestürzt. „König Friedrichs Beispiel“, so schrieb der nachmalige Minister vom Stein, „erhielt sparsame, einfache Sitten, reizte zur angestrengten Tätigkeit, schreckte die Bösen, hob die Guten und zwang die große Zahl der Mittelmäßigen und Charakterlosen, auf dem schmalen Pfad der Pflicht zu wandeln. Wie unerwartet schnell wurde alles dies ganz anders nach dem Tode des großen Königs. Um es zu glauben, muß man Zeitgenosse und Zeuge gewesen sein.“ Für eine Auseinandersetzung mit dem, was sich zur gleichen Zeit in Frankreich anbahnte und abspielte, war Preußen zu keiner Zeit schlechter vorbereitet.

Friedrich Wilhelms II. schwankender Charakter war von Günstlingen bestimmt, so daß Innen- und Außenpolitik von wunderlichen Einflüssen und Zufälligkeiten abhängig wurden. Was Staatsraison bedeutet, blieb diesem Zeitalter fremd. Gewiß hatten die Übelstände der von Zeit zu Zeit erneuerten Aufklärungstheologie im kirchlichen Bereich ein Maß von Ärgernissen aufgehäuft, gegen die entschiedener vorzugehen ein Verdienst war. Doch die unnötige Verschärfung des von dem Kultusminister Wöllner herausgegebenen Toleranz- und Religionsediktes zwecks Festigung der protestantischen Orthodoxie durch den König, die Gesinnungsprüfung und damit verbundene geheime Überwachung mit Verpflichtungsformularen, welche die Lehrfreiheit einschränkten, alles dieses war übertrieben, kränkend und leistete der unbefangenen und überzeugenden Verkündigung des Evangeliums keinen guten Dienst.

In der Außenpolitik trat neben dem wie die meisten Departementschefs weiter im Dienst gehaltenen Minister Finckenstein zunehmend Ewald Friedrich v. Hertzberg in den Vordergrund, bereits seit einem Vierteljahrhundert in König Friedrichs Diensten, aber nun ehrgeizig auf große diplomatische Erfolge bedacht. Seine kaum miteinander zu vereinbarenden Ziele gingen dahin, Preußen als Vormacht in Norddeutschland zu befestigen, worüber mit Frankreich zahlreiche Projekte abgestimmt wurden, die aber stets an beiderseits wechselnden Bedenklichkeiten scheiterten, wenn sie Wirklichkeit werden sollten. Dem deutlichen Auftreten im Westen, bekräftigt durch einen Exekutionszug nach Amsterdam zur Beendigung des dortigen Bürgerkrieges, entsprach im Osten die Absicht, für Preußen Danzig und Thorn sowie zum besseren Schutz von Berlin einen Teil von Posen zu gewinnen. Polen sollte durch die Rückgabe des österreichischen Galizien entschädigt werden, Österreich wiederum sich in Rumänien und Rußland in Bessarabien schadlos halten. Dieses gekünstelte Projekt, „Hertzbergs großer Plan“, enthielt zuviel Unwägbarkeiten und Hindernisse, als daß er durchführbar gewesen wäre. Übrig blieb schließlich die preußisch-österreichische Konvention von Reichenbach 1790, die ohne Gegenleistung Preußen für ein halbes Jahrhundert an die österreichische Politik band. Das Abhängigkeitsverhältnis des ersten Preußenkönigs Friedrich I. vom Anfang des 18. Jahrhunderts war damit zugunsten der Vormachtstellung Wiens auch in Norddeutschland wiederhergestellt.

Die erste Folge war die Verpflichtung im Herbst 1792, Österreich Truppenhilfe gegen das revolutionäre Frankreich zu gewähren. Die Führung des preußischen Kontingents von 56000 Mann, einem Viertel des gesamten Heeres, lag bei dem Herzog Karl Wilhelm Ferdinand von Braunschweig, der entsprechend seinen Erfahrungen im Siebenjährigen Kriege die Franzosen hoch einschätzte und sie nicht in einem kurzen Anlauf zu besiegen meinte; die Überlegenheit des Verteidigers schätzte er auf das Dreifache.

Andererseits sollte sich bei diesem Feldzug die Erfahrung des Bayerischen Erbfolgekrieges wiederholen, daß größere Heere über weite Strecken bei den damaligen Straßenzuständen durch mitgeführte Proviantkolonnen nicht ausreichend versorgt werden konnten. Das zeigte sich schon nach den ersten Regentagen. Nach Überschreiten der französischen Grenze erwies sich der Widerstand im Lande weit härter, als die Emigranten vorausgesagt hatten; andererseits ging der Vormarsch in methodisch bedächtigem Tempo noch unentwegt vonstatten, die Festungen wurden leicht genommen und die zersprengten französischen Truppen leisteten zunächst keine zusammenhängende Abwehr. Eine Verteidigungslinie wurde erst auf den Höhen von Valmy aufgebaut und verstärkt. Der Herzog von Braunschweig vermutete mit Recht eine stark besetzte Stellung; Erinnerungen an seine erste Niederlage vor den Höhen von Friedberg in Hessen 1762 bestimmten ihn, lediglich die Artillerie zu einer mehr moralischen als wirkungsvollen Kanonade einzusetzen und dann über die morastigen Wege der bisherigen Vormarschstraße wieder abzuziehen. Mit Recht hat Goethe als damaliger Feldzugteilnehmer von einer „Wende der Weltgeschichte" gesprochen. Die französischen Verteidiger der Valmy-Höhen trauten ihren Augen nicht, als der Gegner das Feld räumte. Die Furcht der Bedrängten schlug in fanatische Siegeszuversicht um; ohne Schwertstreich folgten die Franzosen den rückmarschierenden Preußen bis an den Rhein bei Koblenz, den Österreichern bis Düsseldorf; Mainz und Frankfurt wurden zeitweise von Revolutionstruppen besetzt.

Es war eine reine Kompensation dieser schweren Niederlage, als Rußland und Preußen, unter Übergehung Österreichs, nunmehr größere Gebiete von Polen abtrennten. Danzig und Thorn wurden, wie schon 1772 beabsichtigt, der Provinz Westpreußen zugeteilt; aber aus einem Preußen zugestandenen Teil Großpolens (einem Fünftel des gleichzeitig von Rußland beanspruchten Teils) wurde die Provinz „Südpreußen" gebildet mit 58000 qkm Umfang und 1130000 Einwohnern. Die bisherigen preußischen Herrschaften Tauroggen und Serrey wurden dagegen an Polen-Litauen abgetreten. Preußen blieb jedoch gleichzeitig mit erheblichen Kräften im Westen gebunden, nahm 1794 den Feldzug auf linksrheinischem Gebiet wieder auf, allerdings mit geringem Erfolg. Schwierigkeiten gab es jetzt auch in Polen, als dort 1794 ein Aufstand ausbrach und nur mit russischer Militärhilfe niedergeschlagen werden konnte. Jetzt nahmen Rußland und Österreich die Aufteilung des restlichen Polen vor, beteiligten aber Preußen, das 1795 ein Restgebiet von 55000 qkm, meist in Litauen, längs der östlichen und südlichen Grenze Ostpreußens gelegen, mit 1 Million Einwohnern erhielt. Diese neue Provinz wurde „Neu-Ostpreußen“ genannt. Das Gebiet westlich von Krakau kam als „Neu-Schlesien“ zu Schlesien; das Gebiet um Warschau wurde Südpreußen zugeteilt. Nach internem Gebietsaustausch und endgültiger Einrichtung der Verwaltung bestand 1797 folgende Verwaltungs-Gliederung der beiden neuen Provinzen: In Südpreußen war Posen der Sitz des Kammerpräsidenten, dem als Untergliederungen die Kammer-Deputationen in Posen, Kalisch und Warschau unterstanden; in Neuostpreußen waren der Sitz der Kammer und einer Deputation in Bialystok, der anderen Deputation in Plock. Die trotz des Basler Friedens 1795 und dem damit erklärten Desinteresse Preußens an den Rheinlanden fortdauernde Beanspruchung seiner politischen Aufmerksamkeit im Westen bot keine günstige Voraussetzung, um die neu erworbenen polnischen Gebiete mit ihren zahlreichen nichtdeutschen Bevölkerungen verwaltungsmäßig zu erfassen. Dazu fehlte es schon an geeigneten Beamten. Daß die von vornherein nicht lösbare, mit den idealistischen Auffassungen der Zeit dennoch in Angriff genommene Aufgabe streckenweise auch gute Erfolge gezeitigt hat, ist nicht abzustreiten. Von den in jenen Gebieten selbständig wirkenden Männern im höheren Verwaltungsdienst traten nicht wenige zwei Jahrzehnte später in leitenden Staatsstellungen auf wie Schrötter, Klewitz, Alvensleben, Schoen, Stein, Voß, Zerboni di Sposetti. In den Kammerverwaltungen von Warschau und Plock arbeiteten als Beamte die Dichter E.T.A. Hoffmann und Zacharias Werner. Ohne Übergang und Vorbereitung wurde das Allgemeine Landrecht auch in diesen Provinzen für gültig erklärt, doch mußte die Angleichung dieser auf primitiver Zivilisationsstufe stehenden Gebiete scheitern. Preußen hatte sich mit einer solchen Aufgabe übernommen und ist später auf die Rückgewinnung dieser Provinzen aus der Teilung von 1795 nicht mehr zurückgekommen.

Inzwischen waren die fränkischen Hohenzollernlande Ansbach und Bayreuth seit 1790 von Hardenberg als preußischem Statthalter verwaltet worden, der hierbei seine fortschrittlichen Ideen zur Staatsreform entwickelte und zur Anwendung brachte. Die Besetzung des zwischen beiden Landesteilen liegenden Nürnberger Territoriums zwecks Bildung eines zusammenhängenden Gebiets wurde jedoch 1796 nach kurzer Zeit wieder aufgegeben. Durch die Ereignisse der europäischen Politik wurde die Aufmerksamkeit Preußens wieder nach Westen gelenkt.

1797 war Friedrich Wilhelm II. gestorben. Ihm folgte sein Sohn Friedrich Wilhelm III. Seine Anfänge zeigen Ähnlichkeiten mit dem ersten Träger dieses Könignamens, wenngleich ihm die Energie und das Temperament des Soldatenkönigs gänzlich fehlten. Die Freude am militärischen Leben beschränkte sich auf Musterungen des Friedensheeres und nicht dessen Ausrüstung, auf Paraden und nicht auf die Gefechtsausbildung. Die königliche Befehlsgewalt löste kein Selbstgefühl aus und ist niemals beansprucht worden. Seine haushälterische Sparsamkeit wollte den Besitz erhalten, nicht einem Risiko aussetzen. Ähnlich wie 1713 ist auch 1797 die zeitübliche Mätressen- und Höflingswirtschaft am Hof zu Ende. Während die Religionsexaminations-Kommission ihre Tätigkeit einzustellen hatte, wurde die Oberrechnungskammer mit vermehrten Befugnissen wieder eingesetzt. Die glückliche Ehe des Königs mit Luise von Mecklenburg-Strelitz zeigte jenen Lebensstil bürgerlicher Bescheidenheit, die dem kargen, zurückhaltenden und einsilbigen Monarchen zusagte. Ohne außenpolitischen Ehrgeiz wandte er seine Interessen dem inneren Staatsausbau zu. Er sah seine Aufgabe darin, sorgfältig ausgesuchten Mitarbeitern Entfaltungsmöglichkeit für Reformen zu verschaffen. Diese begannen damit sogleich nach seinem Regierungsantritt. Stein und Hardenberg, Scharnhorst und Gneisenau, alle nicht aus Preußen stammende „Ausländer", arbeiteten bereits in den ersten Jahren des 19. Jahrhunderts an der Verbesserung staatlicher Einrichtungen. Die Staatsverschuldung wurde abgebaut; die Zusammenlegung parallel arbeitender Provinzbehörden und deren größere Entscheidungsbefugnis vereinfachte und beschleunigte die Verwaltung, die von formelhaftem Beiwerk entlastet wurde. Auf den Domänen sind im Laufe eines Jahrzehnts mehr als 50000 Bauern zu Eigentümern ihrer gepachteten Ländereien gemacht worden unter gleichzeitiger Aufhebung der Schollengebundenheit. Damit ist die bereits von Friedrich Wilhelm I. eingeleitete Bauernreform im Bereich der Domänen zum Abschluß gebracht worden – ein soziales Werk von bedeutendem Ausmaß, den Gutsbesitzern zur Nachahmung empfohlen, während die Bauernschutzgesetzgebung infolge des Krieges von 1806 in den Anfängen steckenblieb. Aber die Rechtsreform ist schon 1805 mit einer neuen Kriminalordnung abgeschlossen worden. Hierin wird das Bestreben sichtbar, Regierungsgrundsätze in die Wirklichkeit umzusetzen, die der Rechtsgelehrte und Mitarbeiter an dem Preußischen Allgemeinen Landrecht, Karl Gottlieb Svarez, bereits dem Kronprinzen Friedrich Wilhelm in regelmäßigen Vorträgen nahegebracht hatte. Er fußte dabei mehr auf den Naturrechtsvorstellungen von Christian Wolff als auf den modernen ethischen Lehren von Immanuel Kant, denen sich die jüngere Generation der preußischen Beamtenschaft durch die vermittelnde Lehrtätigkeit von Christian Jacob Kraus zugewandt hatte.

Seit der Jahrhundertwende war die Französische Revolution durch

Napoleon Bonaparte in seinem Sinne gebändigt worden, ohne ihre zündend wirkende Kraft auf die Nachbarstaaten eingebüßt zu haben. Innerhalb der deutschen Staatenwelt war davon insgesamt noch wenig an Folgen zu spüren. Zwar hatten sich die geistlichen Territorien der Rheinlande wie schon im Jahrhundert zuvor als Einfallspforten französischer Invasionen in das Reich erwiesen und damit auch Süddeutschland preisgegeben; auch hatten sich in Polen in die nationalen Bestrebungen jakobinische Elemente gemischt – nicht zum Vorteil des Landes. Aber in Preußen, Österreich und damit in Mitteldeutschland hatten die Ideen von 1789 so wenig Eingang gefunden wie in England, Schweden und Rußland; hier ist von Anfang an ideeller und bewaffneter Widerstand gegen die Napoleonische Expansionspolitik geleistet worden, die sich über zwei Jahrzehnte hin fortsetzte und Gut und Blut dieser Völker erheblich beansprucht hat. Es ist oft nachträglich die Frage aufgeworfen worden, was Preußen so grundlegend am Ende des 18. Jahrhunderts von Frankreich unterschieden hat, daß es eine Revolution nicht nötig zu haben schien, jedenfalls in einem bemerkenswerten Grade sich immun erwies und starke Abwehrkräfte aufbringen konnte. Die wenig ruhmreichen Koalitionskriege konnten dies nicht verbürgt haben. Es ist eine Vielzahl von Ursachen anzunehmen, unter denen auch schon die Anziehungskraft sichtbar wird, die selbst nach der Verkündigung der französischen Freiheitsrechte nicht wenige „Ausländer" bewogen hat, in die Dienste Preußens zu treten, das durchaus als fortschrittlich, jedenfalls entwicklungsfähig und zukunftweisend galt. Preußen kannte die depressiven Phasen nicht, die am Ende des 18. Jahrhunderts Frankreich wiederholt heimsuchten und im Gefolge wirtschaftlicher Schwierigkeiten zu Resignation, Mißmut, Staatsverdrossenheit geführt hatten. Die geistige Vorbereitung der Revolution, etwa in Jakobinerklubs, ist in diesem Ausmaß in Preußen unbekannt geblieben, wenngleich kritische Stimmen zu einzelnen Anlässen sich durchaus vernehmen ließen. Eine grundsätzliche und tiefgreifende politische Vertrauenskrise vermochte sich daraus nicht zu entwickeln. Die ständischen Verhältnisse hatten sich im Laufe des letzten Jahrhunderts in beiden Ländern deutlich auseinanderentwickelt. In Preußen war der Adel seit Friedrich Wilhelm I. in starkem Maße unter religiösem Vorzeichen für die Aufgaben des Staates diszipliniert worden. Die Geistlichkeit erfüllte ihre stillen Pflichten ohne wesentliche Privilegien und diente mittelbar ebenfalls den ethischen und sozialen staatlichen Zielsetzungen. Die verhältnismäßig wenigen Städte in Preußen waren meist schwach bevölkert, von engen Horizonten; die städtischen Manufakturen ebenso wie die Berg- und Hüttenwerke waren kleine Betriebe mit zahlenmäßig geringen Belegschaften, deren Selbstverständnis nicht von eigenem politischen Ehrgeiz bestimmt gewesen ist. In den überwiegend agrarischen Gebieten des Landes sorgte eine bewegliche Kammerverwaltung für ausreichende Aufsicht über die gutsherrliche Gerichtsbarkeit. In der preußischen Administration war das französische System der Ämterkäuflichkeit unbekannt; die grundsätzliche Durchbrechung des Indigenats sorgte für einen hohen Grad von Unabhängigkeit bei Amtleuten und Richtern. Schließlich hat die Verschwendung bei Hofe nicht einmal unter Friedrich Wilhelm II. ein aufsehenerregendes Maß erreicht; bei Friedrich Wilhelm III. nahmen die öffentlichen Aufwendungen wieder das Maß der gewohnten Kargheit an, und die Staatsfinanzen gesundeten allmählich. Dies sind einige Gründe, die darlegen könnten, weshalb das Preußen der Spätaufklärung keinen rechten Boden für revolutionäre Erschütterungen bot.

Preußen hatte trotz Erwerbung großflächiger Landkomplexe schon längst nicht mehr das Auftreten einer europäischen Großmacht. Trotz des engeren Zusammengehens mit Österreich und Rußland verhielt sich Preußen im Zweiten Koalitionskrieg militärisch neutral. Der Besetzung von Hannover durch Frankreich sah die Berliner Politik tatenlos zu. Für die an Frankreich gefallenen linksrheinischen preußischen Gebiete Geldern, Cleve und Moers hatte Preußen im Deputationshauptschluß des Deutschen Reichstages im Jahre 1803 die Bistümer Hildesheim und Paderborn, das Gebiet Erfurt mit Untergleichen, das Eichsfeld, die mainzischen Besitzungen in Thüringen, die Abteien Herford, Quedlinburg, Elten, Essen, Werden und Cappenberg sowie die Reichsstädte Mühlhausen in Thüringen, Nordhausen und Goslar zugesprochen erhalten und auch besetzt. Doch schon trat Napoleon als Eroberer in Deutschland auf. Nachdem Österreich 1805 in seinem Abwehrkampf ohne preußische Unterstützung unterlegen war, konnte Frankreich von dem neutralen Preußen die Übereignung von Cleve (mit Wesel) und Neuenburg an Napoleon sowie die Abtretung von Ansbach an Bayern verlangen. Preußen sollte dafür Hannover besetzen und der Kontinentalsperre gegen England beitreten, was die Kriegserklärung Englands nach sich ziehen mußte. Punkt für Punkt wurden Napoleons Forderungen erfüllt.

1806 wurde von Frankreich als ein Vorfeld abhängiger Staaten der Rheinbund gegründet, in dem deutsche Fürstentümer Aufnahme fanden; das „Römische Reich" löste sich auf. Da entschloß sich Friedrich Wilhelm III. im August 1806 unter Druck einer Kriegspartei in Berlin zur Mobilmachung und verlangte in einem Ultimatum an Frankreich die Zurückziehung seiner Truppen von den preußischen Grenzen. Als einziger Verbündeter trat Sachsen an Preußens Seite. Hessen oder gar Österreich hinzuzuziehen, gelang nicht. Aber den herausfordernden Worten folgten keine Taten. Nur zögernd begann der Aufmarsch unter Leitung des Herzogs von Braunschweig, der über die Stellung des Gegners im unklaren blieb und jedes Risiko vermeiden wollte. Napoleon war es gelungen, in schnellen Märschen seine Armee zu vereinen, als er bei Saalfeld auf die preußischen Vortruppen des Prinzen Louis Ferdinand stieß, der bei dem ersten Gefecht fiel. Vier Tage später wurden die noch getrennt stehenden preußischen und sächsischen Truppen bei Jena und Auerstedt angegriffen und vernichtend geschlagen. Gleich zu Beginn der Schlacht wurde der Herzog von Braunschweig blindgeschossen, so daß seine Truppen führungslos waren.

Als Gründe für den nun folgenden vollständigen militärischen Zusammenbruch sind zu nennen: der Feldzugsbeginn fast ohne Verbündeten gegen einen bereits überall siegreichen Gegner, ohne Aussicht auf Erfolg; die erhebliche zahlenmäßige Überlegenheit, die Napoleon an allen Brennpunkten der Kämpfe bei Jena und Auerstedt aufweisen konnte. Dieses wurde ausschlaggebend, weit weniger die aufgelöste Schützentaktik, mit der ein entscheidungsuchender Infanteriekampf auf die Dauer nicht durchgeführt werden kann. Verhängnisvoll wurde vielmehr im nun folgenden Gefechtsverlauf, daß der Rückzug der durcheinandergeratenen Verbände vom Kampffeld in Flucht ausartete, wobei jede Führung und damit der innere Zusammenhalt verlorengingen. Jetzt erst traten die Hauptverluste an Leuten und Waffen ein; die Einheiten lösten sich auf, kannten weder Sammelpunkte noch Rückzugstraßen, strömten in die nächsten Festungen, die sich angesichts dieses Zustandes der Feldarmee nicht mehr halten zu können glaubten, was sich von der Elbe zur Oder und bis an die Weichsel fortpflanzte, wo endlich ein Widerstand aufgebaut werden konnte. Nur Kolberg in Pommern (Gneisenau, Schill und Nettelbeck), Graudenz an der Weichsel (Courbière) und die schlesischen Festungen Glatz, Silberberg und Cosel hielten sich bis zum Friedensschluß. Als in der mörderischen Winterschlacht von Preußisch-Eylau auf ostpreußischem Boden am 7./8. Februar 1807 ein russisches Korps dem kleinen preußischen Heer zur Seite trat, wurde Napoleon zum ersten Mal der Siegeslorbeer vorenthalten. Aber Rußland, dessen Heer seit 1805 in wenig aussichtsvollen Kämpfen dahinschmolz, war kriegsmüde. Unter für Preußen demütigenden Formen kam es am 9. Juli 1807 in Tilsit zum bedingungslosen Friedensschluß. Alle preußischen Gebiete westlich der Elbe (einschließlich Magdeburg) sowie Südpreußen und Neuostpreußen gingen verloren. Danzig wurde als „Freie Stadt“ abgetrennt; der Kreis Cottbus kam an Sachsen. Die an Frankreich zu entrichtenden Kriegskontributionen wurden auf 154 Millionen Franken festgesetzt, allmählich auf 120 Millionen ermäßigt, während nach preußischer Berechnung insgesamt über 560 Millionen gezahlt worden waren, was die preußische Finanz- und Wirtschaftskraft zerstörte. Die Festungen Stettin, Küstrin, Glogau blieben verpfändet. Preußen verlor über die Hälfte seines Staatsgebiets und seiner Bewohner, von 5700 Quadratmeilen mit 9,75 Millionen Einwohnern verblieben ihm 2877 Quadratmeilen mit 4,9 Millionen Einwohnern. Das Königreich Preußen bestand im Juli 1807 aus den Provinzen Ostpreußen, Westpreußen, Neumark, Kurmark, Pommern, Schlesien sowie aus dem rechts der Elbe gelegenen Teil des Herzogtums Magdeburg.

Die Staatsführung Preußens war vor den französischen Heeren bis in die äußerste Nordostspitze des Landes nach Memel ausgewichen, verblieb dann in Königsberg, um erst Weihnachten 1809 nach Berlin zurückzukehren. Während dieser Zeit wurden die entscheidenden Fundamente für einen Neubau des Staates in jener Stadt gelegt, von der Preußens Krone und Königsrang ausgegangen waren. Das Königspaar zeigte mit seiner festen Haltung im Unglück ein Beispiel, an dem viele sich aufrichteten. Trotz der harten Auflagen war der Staat nicht zerstört; er bedurfte jedoch, um die politischen und wirtschaftlichen Belastungen bewältigen zu können, einer Verfestigung und Verbreiterung seiner Trägerschaft. Preußens stärkste politische Begabung, den Staatsminister v. Hardenberg, hatte der König auf Napoleons Befehl hin entlassen müssen; er hielt sich in der Memel benachbarten Stadt Riga auf, nachdem er noch die Berufung des Freiherrn vom Stein zum Minister des Innern und der Finanzen durchgesetzt hatte.

Der aus Nassau stammende Reichsfreiherr Karl vom Stein war noch unter Friedrich d. Gr. in das preußische Bergwerksdepartement eingetreten, hatte als Kammer- und Oberpräsident in Westfalen sehr erfolgreiche Verwaltungstätigkeit geleistet, war 1804 Minister der Finanzen und des Handels, wurde aber in der Krisensituation des Frühjahrs 1807 ungnädig entlassen. Nun holte Friedrich Wilhelm III. ihn an die Spitze des Staates. Seiner Tatkraft ist mit Recht großes Vertrauen entgegengebracht worden, er hat es auf das glänzendste gerechtfertigt. Der in seiner Existenz bedrohte Staat vollzog innerhalb weniger Monate die größte innere Reform seiner Geschichte. Die bisher entgegenstehenden rechtlichen Bedenken waren durch die schweren Eingriffe Napoleons in das Reichsgefüge gegenstandslos geworden. Dennoch blieb in Preußen bei allen nun folgenden Notmaßnahmen der Rechtscharakter gewahrt. Anknüpfend an die Reformen vor 1806 wurde die Staatsverwaltung gestrafft und sparsam bis zur Kargheit eingeschränkt; Staatspflichten und Mitverantwortung der Staatsbürger wurden gesetzlich festgelegt. Das Ziel der Reformen war ein moderner, auf eine breite Mitträgerschaft gegründeter Staat. Was Stein in Memel und bald in Königsberg an engsten Mitarbeitern um sich versammelte, gehörte zu den erfahrensten Verwaltungsmännern auf allen Gebieten, über die Preußen verfügte. Die Behördenorganisation, die Aufhebung der bäuerlichen Schollenpflichtigkeit und die nach dem Grundsatz der Selbstverwaltung aufgebaute, im Prinzip bis heute gültige Städteordnung führte Stein selbst in wenigen Monaten im Jahre 1808 zum Abschluß. Ihre Hauptkennzeichen sind die freie Bürgergemeinde, die gewählte Stadtverordnetenversammlung neben dem beamteten Magistrat, dessen Befugnisse jetzt verfassungsmäßig festgelegt wurden. Die Aufhebung der Reste der Erbuntertänigkeit war das Regierungsziel König Friedrich Wilhelms III. Jetzt wurde auch auf den privaten Gütern der Gesindezwangsdienst aufgehoben, wodurch weitere 45000 Menschen rechtlich freigestellt wurden; die Gewährleistung des freien Güterverkehrs war dafür die Voraussetzung. Dies war bereits in dem ersten der Reformgesetze, dem ,,Oktober-Edict" von 1807 (unzutreffend „Bauernbefreiung" genannt) verfügt. Diese bedeutendsten Reformgesetze, die gleichermaßen durch Geist und Inhalt ausgezeichnet waren, wurden ergänzt durch Agrarverbesserungen, Bildungs- und Kultusgesetzgebung, Finanz-, Gewerbe- und Zollverordnungen. Mit der Reform der Staatsverfassung ist zugleich das Wehrwesen trotz von außen auferlegter Zwangsbestimmungen erneuert worden. Scharnhorst gelang die Schaffung einer zentralen Kommando- und Verwaltungsbehörde, des Kriegsministeriums mit eingegliedertem Generalstab und Militärkabinett. Die zur Führung des „Gefechts der verbundenen Waffen" erforderliche Gliederung der Truppenverbände in Brigaden gemischter Truppenteile paßte die Taktik den Erfordernissen der modernen Kampfweise an. Scharnhorst und sein Mitarbeiter Gneisenau haben sich dieser Aufgaben mit Sorgfalt angenommen. Die Bildungsreform erstreckte sich auf die verbesserte Durchsetzung der allgemeinen Schulpflicht, auf das staatliche Prüfungswesen und die Lehrerausbildung auf der Grundlage humanistischer Wissenschaften von hohem Anspruch. Auch die Ordnung des Verhältnisses von Kirche und Staat gehörte zu jenen Maßnahmen, die nicht vom Ressortstandpunkt und keineswegs von der Theorie ausgingen, sondern den Menschen in seiner politischen Umwelt im Sinne des damals vorherrschenden Idealismus zu bilden und auf allen Gebieten des Lebens zu fördern suchten. Bei diesen Bestrebungen sind nicht nur bekannte Persönlichkeiten des Geisteslebens wie Wilhelm von Humboldt und Friedrich Schleiermacher beteiligt gewesen, sondern auch Verwaltungspraktiker und Finanzfachleute wie der 1807 aus Dänemark herangeholte Barthold Georg Niebuhr und der Schlesier Christian v. Rother, der Schöpfer des modernen preußischen Finanz-, Handels- und Wirtschaftswesens. Während andere westeuropäische Industriestaaten damals in eine neomerkantilistische Wirtschaftspolitik zurückfielen, schuf Preußen sein weit vorausschauendes Zollgesetz von 1818. Dieses zählte rückblickend ein halbes Jahrhundert danach der berühmte Berliner Nationalökonom Gustav Schmoller neben der Städteordnung, dem bäuerlichen Regulierungsedikt und den Wehrgesetzen zu den „gesetzgeberischen Höhepunkten und Großtaten jener Zeit, durch die der preußische Staat seinen alten Ruhm rationellen Fortschritts, kühner, entschlossener Neuerung im Sinne progressiver Ideale der Zeit aufs neue befestigte". Der Freiherr vom Stein aber, der Napoleon verdächtig wurde, mußte nach Österreich in die Emigration gehen.

Steins großer Reformplan, in den letzten Teilen erst am Ende des 19. Jahrhunderts verwirklicht, ist nach der plötzlichen, durch Steins Weggang bedingten Unterbrechung 1809 von dem wiederberufenen Staatskanzler v. Hardenberg in gleicher Gedankenrichtung fortgeführt worden. Dessen Rigaer Denkschrift zur Staatsreform zeigte eine grundsätzliche Übereinstimmung mit Stein. Durch Hardenberg wurde die Kontinuität in der Reformepoche gewährleistet, die sich bis in das dritte Jahrzehnt des 19. Jahrhunderts erstrecken sollte und durch die hochbefähigten Mitarbeiter zu abschließenden Ergebnissen gebracht worden ist, wie sie in anderen Staaten damals nicht erreicht wurden.

Preußen, zuvor eine selbständige Macht von europäischem Rang, war in der Zeit Napoleons I. zur völligen Bedeutungslosigkeit abgesunken. Neben den Landabtretungen schwächten die Kontributionslasten von damals unerhörter Höhe den Staatshaushalt, der immer noch auf die Erträge der überwiegenden Agrarwirtschaft angewiesen blieb. Domänen wurden verpfändet, den Franzosen waren Festungen einzuräumen, das Heer wurde auf 42000 Mann verringert, und der Staat hatte Mühe, diesen Bestand bei nur noch 5 Millionen Einwohnern zu halten. Schwerwiegender war die Verhinderung der Ausbildung von Reserven, so daß Preußen keine Feldarmee mobilisieren konnte. Die von Scharnhorst gefundene Aushilfe der Kurzausbildung („Krümpersystem") hatte den Nachteil erheblicher Qualitätsunterschiede in der Armee. Zwar wurde Preußens Lage dadurch etwas entlastet, daß Aufstände an der südlichen Peripherie Europas Napoleon vorübergehend zwangen, Truppen aus Mitteleuropa abzuziehen. Als Österreich daraufhin die Waffenentscheidung 1809 im Alleingang wagte, folgten ihm zwar kleine Kontingente in Hessen (Dörnberg), Braunschweig (Herzog Friedrich Wilhelm) und Preußen (Husarenregiment v. Schill), doch versagte sich König Friedrich Wilhelm III. in der richtigen Erkenntnis der ungebrochenen französischen Kraft und der eigenen ganz unzulänglichen Finanz- und Kriegsmittel. Es ließen sich diese ersten Anzeichen aufflammenden Widerstandes nun jedoch nicht mehr völlig unterdrücken, und der Kampf der Tiroler ebenso wie die Erschießung der Schillschen Offiziere gaben Beispiele, denen bei besserer Gelegenheit gefolgt werden sollte. Als Preußen in das Bündnis mit Frankreich hineingezwungen wurde, gingen viele Patrioten, so Gneisenau, Clausewitz und Arndt, außer Landes.

Napoleon war gewillt, Rußland, das er als einzige ihm noch widerstehende Festland-Macht ansah, niederzuwerfen. 1812 mußte im Bündnis mit Frankreich und seiner Hilfsvölker ein preußisches Kontingent, die Hälfte des Gesamt-Bestandes der preußischen Armee, mitziehen. Die Winterkatastrophe 1812/13 vernichtete die Schlagkraft der französischen und der verbündeten Armeen. Deren Trümmer zogen auf die preußische Grenze zu. Der Befehlshaber des preußischen Korps, General von Yorck, schloß eigenmächtig, ohne auf Befehle des Königs warten zu können, beim Grenzort Tauroggen einen Waffenstillstand mit der gegenüberstehenden russischen Armee, rief in Ostpreußen die Landwehr auf, sicherte die Provinz militärisch und folgte den bald danach die Grenze überschreitenden russischen Truppen bis Berlin. Damit war Preußen seine kleine, nun aber großenteils kampferfahrene Heeresmacht erhalten geblieben, das Land war weder den Franzosen noch auch den einrückenden Russen wehrlos ausgeliefert. Yorck hat auf eigene Verantwortung nach den militärischen Notwendigkeiten gehandelt, die im Augenblick des Abschlusses der Konvention von Tauroggen Folgen nach sich zogen und geradezu als Fanal wirkten. Seine Handlungsweise überschritt weit die ihm übertragenen Befugnisse, erwies sich aber im Ergebnis als folgerichtig und in Übereinstimmung mit den Interessen seines Staates. Die Herauslösung eines besetzten Landes aus dem ihm aufgezwungenen Bündnis in Anwesenheit der noch zahlenmäßig beträchtlichen französischen Besatzungsmacht war ein vielschichtiger Vorgang, dessen Schwierigkeit bei der praktischen Durchführung nicht unterschätzt werden darf. Im Bündnis von Kalisch (März 1813) wurde die russisch-preußische Militärkonvention erneuert, England und Schweden zum Eintritt in den Krieg gegen Napoleon veranlaßt. Es war wesentlich den Bemühungen Steins zu danken, am Zarenhof dafür die diplomatische Grundlage geschaffen und die Garantie der preußischen Ostgrenzen seitens

Rußlands erreicht zu haben. Der König von Preußen hatte von Breslau aus den Kriegszustand mit Frankreich erklärt. Österreich hielt sich noch abwartend zurück. Stein und Scharnhorst drängten auf frühzeitigen Angriff, bevor sich Napoleon mit neu ausgehobenen Truppen in Mitteldeutschland versammeln konnte. Doch war das 42000-Mann-Heer zu schwach, um bei Großgörschen im Mai 1813 die gesuchte Entscheidung erzwingen zu können. Der bei hartnäckigem Widerstandswillen doch unaufhaltsame Rückzug der Verbündeten nach Schlesien machte deutlich, daß bei Napoleon immer noch die größere Zahl der Bataillone stand, daß das russische Heer, seit 1805 im Kampf, übermüdet war, daß das in unsicherer innerer Verfassung befindliche Schweden unter seinem Kronprinzen, dem früheren napoleonischen Marschall Bernadotte, sich überaus vorsichtig zurückhielt und auf die sehr langsam anlaufende Sach- und Geldleistung Großbritanniens noch gewartet werden mußte. Der viele Patrioten mit Enttäuschung erfüllende Waffenstillstand im Sommer 1813 rettete die preußische Armee und damit den Staat. Jetzt wurde durch die Einziehung der ausgebildeten Reserven die Zahl der Infanterie-Regimenter auf 24 verdoppelt, was noch längst nicht genügte. Blüchers Generalstabschef Gneisenau griff daher in die in Aufstellung befindliche Landwehr ein und holte auf diesem Wege aus dem benachbarten Ersatzbezirk Schlesien weitere 12 Regimenter in die Feldarmee. Die Zahl der Brigaden verdreifachte sich dadurch, freilich nicht ihr Kampfwert; doch standen in allen Feldformationen einige geschlossene kriegserprobte Einheiten. Mit diesen Truppen schlug Preußen die Schlachten von Großbeeren, an der Katzbach, bei Nollendorf, Dennewitz und schließlich vom 16. bis 19. Oktober die Völkerschlacht bei Leipzig. Auch nach dem Kriegseintritt von Österreich und der Aufstellung eines britisch-hannoverschen-niederländischen Feldheeres hatte Preußen dennoch die größte Last dieses Befreiungskrieges zu tragen; am Ende des Feldzuges standen über 210000 Mann, ungerechnet die Verluste, unter Waffen. Preußen hatte seine Heeresstärke binnen Jahresfrist auf das Fünffache vergrößern können. Noch während des Feldzuges war entsprechend den Vorlagen des Kriegsministers v. Boyen die vollständige Erfassung aller Wehrfähigen durch die allgemeine Wehrpflicht gesetzmäßig verfügt worden. Dieses Gesetz war populär, weil es unmittelbar an die so vielfach gezeigte freiwillige Hingabe und Opferbereitschaft anknüpfte; es entsprach dem Ergebnis der vorangegangenen Heeresreform und bezog sich direkt darauf. Die allgemeine Wehrpflicht war gegenüber den früheren Werbemethoden für ein Söldnerheer eine im Wortsinn demokratische Errungenschaft. Mit der Heranziehung zum Waffendienst und dem Auftrag zur Verteidigung des gemeinsamen Staates war dem Staatsbürger ein Beweis des Vertrauens seitens der Staatsführung gegeben, die Anerkenntnis seiner unbeschränkten Vollgültigkeit und aktiver Teilnahme an dem Geschick der größeren Gemeinschaft, der er sich nun zugehörig wußte.

Als am 18. Oktober 1813 Napoleon die Schlacht bei Leipzig verlorengeben mußte, hatte Preußen im Zusammenwirken mit Österreich und Rußland eine Epochenwende herbeigeführt, die sich den Zeitgenossen tief eingeprägt hat. Für mehr als hundert Jahre hat seitdem Frankreich die deutschen Grenzen nicht wieder überschritten. Die süddeutschen Staaten fielen von Napoleon ab, der Rheinbund löste sich auf. Blücher, Oberbefehlshaber der schlesischen Armee, und sein impulsiver Generalstabschef Gneisenau trugen nach dem Rheinübergang seit dem Neujahrstag 1814 den Krieg nach Frankreich hinein. Nach wechselvollem Frühjahrsfeldzug zogen die Verbündeten Ende März 1814 in Paris ein. Napoleon, abgesetzt und verbannt, kehrte jedoch im März 1815 nach Frankreich zurück und mußte in einem mehrmonatigen Feldzug erneut bekämpft werden, wobei es den Verbündeten zugute kam, daß drei kriegsstarke preußische Armeekorps abwehrbereit noch im Rheinland standen. In die eben beginnenden Entlassungen hinein kam der neue Mobilmachungsbefehl, der fast 400000 Preußen in 7 Armeekorps unter Waffen brachte. Nach vorübergehenden Rückschlägen konnten sich die Heere in den Niederlanden vereinigen, als den Engländern und Hannoveranern unter Wellington am 18. Juni 1815 Blücher mit 40000 Preußen zu Hilfe kam und Napoleon bei Waterloo endgültig geschlagen wurde. Im Zweiten Pariser Friedensschluß 1815 hatte Preußen in zweiseitigem Vertrag finanzielle und auch (mit Saarlouis und Saarbrücken) bescheidene territoriale Zugeständnisse ausgehandelt; deren Bestätigung mußte dem allgemeinen Kongreß zur Wiederherstellung des europäischen Staatensystems vorbehalten bleiben, der im September 1814 in Wien zusammengetreten war und zum Zeitpunkt von Napoleons endgültiger Niederlage bereits seinen Abschluß gefunden hatte.

V. PREUSSEN IM DEUTSCHEN BUND

Der auf die Befreiungskriege folgende Wiener Kongreß erneuerte das europäische Staatensystem der fünf Großmächte, unter denen Preußen die kleinste war. Seine Wiederherstellung hatte es den verbündeten Mächten, in erster Linie Rußland, zu verdanken, und hierbei war die Stellung des Freiherrn vom Stein als persönlicher Berater des Zaren von erheblicher Bedeutung gewesen. Die fälschlich als „Restauration" bezeichnete nachnapoleonische Epoche brachte für Deutschland keine Wiederherstellung der früheren Zustände. Die deutsche Kaiserwürde war nicht erneuert worden, doch kam es zum ersten Mal in der deutschen Geschichte zu einer geschriebenen Verfassung, die am 8. Juni 1815 von 39 deutschen Staaten angenommen wurde. Diese deutsche Bundesakte verfügte den Zusammenschluß zu einem Staatenbund, der befugt war, Krieg, Frieden, Bündnisse und Verträge zu schließen, für die Erhaltung der inneren und äußeren Unversehrtheit und Sicherheit der Einzelstaaten Sorge zu tragen. Diesem Bunde gehörte Preußen an. Die soeben wiedergewonnene Souveränität ist somit teilweise wieder eingeschränkt worden. Allerdings behielt Preußen sich eine ungeteilte Oberhoheit über die Trägerlandschaften der Königskrone, Ost- und Westpreußen vor, über die Brandenburg 1656 und Preußen 1772/1793 die volle Souveränität gewonnen hatte wie auch über das Großherzogtum Posen, das dem preußischen Königshause unmittelbar unterstellt wurde. Ein Verwandter des Königs, Fürst Anton Heinrich Radziwill, vermählt mit der Schwester des Prinzen Louis Ferdinand, wurde als königlicher Statthalter in Posen eingesetzt. Österreich verfuhr ähnlich, indem es einen Teil seiner Besitzungen immediat unter der Krone behielt. Andererseits gehörten deutsche Territorien zum Deutschen Bund, die den Kronrechten ausländischer Herrscher unterstanden, so Hannover dem König von Großbritannien, Luxemburg und Limburg dem König der Niederlande, Holstein und Lauenburg dem König von Dänemark.

Der territoriale Besitzstand Preußens nach dem Wiener Kongreß ging über den des Tilsiter Friedens von 1807 hinaus, doch wurde von den damals abgetrennten Gebieten nur ein Teil rückerstattet, so daß Preußen Kompensationen zugestanden wurden. Die Städte Danzig und Thorn mit ihren Landgebieten sowie die Kreise Kulm, Michelau, Deutsch Krone und Kamin kehrten zur Provinz Westpreußen zurück. Von der schlesischen Ostgrenze bei Kreuzburg wurde eine neue Grenzlinie durch Südpreußen gezogen, die entlang der Prosna nordostwärts zur unteren Drewenz im Kulmer Land lief und ein Verbindungsstück zwischen Schlesien und Westpreußen abgrenzte, das als „Großherzogtum Posen" unter die preußische Krone trat – ein „Minimum", wie es der britische Vertreter auf dem Wiener Kongreß bezeichnete, während der größte Teil Südpreußens und Neu-Ostpreußens mit Bialystok und Neu-Schlesien an Rußland fiel, das damit um 250 km näher an Berlin herangerückt war. Diese russische Nachbarschaft sollte für die preußische Politik im 19. Jahrhundert ein stets zu berücksichtigender Faktor bleiben. Als Ausgleich für die Gebietsverluste im Osten erstrebte Preußen den Erwerb des Königreichs Sachsen, erhielt jedoch nur das nördliche Kursachsen mit Wittenberg, Barby, Gommern, Teilen der Kreise Leipzig und Meißen, Merseburg, Naumburg-Zeitz, den Rest von Mansfeld, Teile von Schwarzburg und Stolberg, Querfurt, Schleusingen, Ziegenrück und vogtländische Enklaven. Dieser Streubesitz wurde mit den zurückgefallenen preußischen Besitzungen Altmark, Herzogtum Magdeburg, Saalekreis mit Halle, Erfurt sowie Halberstadt mit Hohnstein, schließlich dem größten Teil des Eichsfeldes zur „Provinz Sachsen" zusammengefaßt, in der die alten preußischen Gebiete überwogen. Zurückgegeben wurde der brandenburgische Kreis Cottbus, der mit der Niederlausitz und der bisher sächsischen Halbenklave Hagelberg jetzt die Provinz Brandenburg nach Süden und Westen abrundete, während die Oberlausitz schließlich der Provinz Schlesien zugeteilt wurde.

Im Norden war Preußen von Dänemark das Herzogtum Lauenburg zugefallen. Durch Vertrag mit Dänemark blieb es weiterhin unter der dänischen Krone, jedoch im Deutschen Bund. Dafür gewann Preußen für eine erhebliche Kaufsumme Schwedisch-Vorpommern mit Rügen, Stralsund und Greifswald, das als Entschädigung für den Verlust von Norwegen an Dänemark gefallen war. Im Süden wurde das Fürstentum Neuenburg mit der Grafschaft Valangin im Grenzbereich der Schweiz an Preußen zurückerstattet und geringfügig vergrößert; 1815 trat das Fürstentum unbeschadet der weiteren Zugehörigkeit zu Preußen als 21. Kanton in die Eidgenossenschaft ein.

Im Westen waren die brandenburgischen Besitzungen Mark, Minden, Ravensberg, Lingen und Tecklenburg zurückerstattet worden, ebenso wie die 1803 an Preußen gefallenen Teile des Hochstifts Münster und das Fürstbistum Paderborn, das Herzogtum Westfalen und das Fürstentum Corvey, ferner Elten, Herford, Dortmund, Steinfurt, Rietberg, das Kondominium

Lippstadt sowie einige Herrschaften. Vom Großherzogtum Hessen-Darmstadt kamen durch Länderaustausch 1817 die Grafschaften Wittgenstein und Berleburg hinzu. Gestützt auf die ansehnlichen brandenburgischen Besitzungen in diesem Bereich und auf das tief verwurzelte Stammesbewußtsein wurde aus diesen Bestandteilen die Provinz Westfalen gegründet. Birkenfeld, Lichtenberg und Meisenheim dagegen fielen zunächst an kleinere Territorien.

Da Preußen sich vertraglich verpflichtet hatte, bei der Wiederherstellung Hannovers behilflich zu sein, wurde ein Anspruch auf dieses ihm 1806 zugesprochene Gebiet nicht erhoben, vielmehr auch das 1803 an Preußen gefallene Bistum Hildesheim und Goslar sowie das seit 1744 preußische Ostfriesland an Hannover gegeben, dazu die Niedergrafschaft Lingen. Grenzberichtigungen wurden auf der Grundlage von Tauschverträgen durchgeführt.

Einen unerwarteten Gebietszuwachs erhielt Preußen durch eine erhebliche Vergrößerung seiner bisherigen rheinischen Besitzungen. Die rückerstatteten Gebiete Cleve, Geldern, Wesel und Krefeld wurden nunmehr vermehrt um Essen, Werden, das Herzogtum Jülich und das Herzogtum Berg; ergänzt aus den mittelrheinischen Gebieten (des ehemaligen Erzbistums Köln) und dem Land zwischen Rhein und Mosel (des ehemaligen Erzbistums Trier). Hieraus wurden die Provinz Jülich-Cleve-Berg in Köln und die Provinz Großherzogtum Niederrhein in Koblenz gebildet, 1822 als „Rheinprovinz" mit dem Verwaltungssitz in Koblenz zusammengefaßt. Mit den saarländischen Kreisen von Saarburg bis Saarbrücken erhielt Preußen gegenüber Lothringen zum ersten Mal einen kurzen gemeinsamen Grenzabschnitt mit Frankreich. Angesichts einer jeweils vielfach ausgedehnteren Grenzberührung mit Frankreich durch das Königreich der Vereinigten Niederlande, durch die bayerische Pfalz und das Großherzogtum Baden wird 1815 von einer *preußischen* „Wacht am Rhein" kaum gesprochen werden können; das 1870 und 1914 vielgesungene Trutzlied mit diesem Kehrreim entstand 1840 und hatte den aus Württemberg stammenden Max Schneckenburger zum Verfasser, einen Berner Eisenfabrikanten.

Die Staatsmänner des Wiener Kongresses waren bemüht gewesen, Preußen für seinen Verlust an Land und Bevölkerung gerecht zu entschädigen. Es hatte 1807 Gebiete mit 3373836 Einwohnern eingebüßt, 1815 jedoch solche mit 3415466 Menschen zurück- oder dazugewonnen. 10,4 Millionen Einwohner lebten nun auf 278000 Quadratkilometer Fläche. Dabei war eine deutliche Wendung nach Westen eingetreten, von Preußen zunächst nicht beabsichtigt, jedoch durch die russischen Ansprüche auf Entschädigungen für seine Opfer in jahrelangen Kriegen bewirkt. Die Ostgrenze Preußens verlagerte sich um 100 bis 400 Kilometer nach Westen, seine Westgrenze verschob sich in ebenderselben Richtung um 50 bis 100 Kilometer. Zwischen den östlichen und westlichen Landkomplexen lag eine Lücke von 50 bis 100 Kilometer, wesentlich durch das dazwischenliegende Königreich Hannover bedingt. Spannungen zwischen den dynastisch vielfach verbundenen Ländern gab es nicht; das preußisch-hannoversche Nachbarschaftsverhältnis konnte als gut und stabil gelten.

Das Ruhebedürfnis nach den Anstrengungen und Opfern der vergangenen Jahrzehnte war allgemein. Angesichts der vielfachen Bündnissicherungen der Heiligen Allianz, des Vierbundes von 1815 (gegen Frankreich) und des Deutschen Bundes wurden schwere auswärtige Konflikte unwahrscheinlich. Im Innern blieb das Mißtrauen der Regierungen gegen Unruhestifter wach; eine Wiederholung der französischen Zustände in Deutschland lag in niemandes Interesse. Zunächst galt es, die Staatsverwaltung in den wiedergewonnenen und neuen Gebieten einzurichten, um mit der Normalisierung die Steigerung der Produktion zu ermöglichen, deren das tief erschöpfte, verarmte und ausgeblutete Land dringend benötigte.

In den Reformjahren waren klare Vorstellungen von einer zweckmäßigen, rasch und beweglich arbeitenden, wenig aufwendigen Verwaltung entwickelt worden. Die eigentliche Arbeit und zugleich Verantwortung lag hierbei auf den Nachfolgeeinrichtungen der Kriegs- und Domänenkammern, den „Regierungen", wie sie nun zu Recht wieder hießen. Sie standen mit dem Innen- bzw. Staatsministerium in unmittelbarem Dienstverhältnis. Justiz und Verwaltung waren jetzt getrennt, die Arbeitsweise der Abteilungen in jeder Regierung gleichartig eingerichtet entsprechend der Gliederung des Innenministeriums. Die Zahl der Regierungsbezirke wurde zunächst auf 25 festgesetzt (im Durchschnitt 3 für jede Provinz), die ihrerseits in Kreise zu je 20000 bis 35000 Einwohner neu zu gliedern waren. Es ist Hardenberg zu danken gewesen, daß er die Regierungen zu den Trägern der exekutiven Verwaltung zwischen den Kreisen und der Krone gemacht hat. Wenn nun in Preußen die Regierungsbezirke regional in 10 (später 8) Provinzen zusammengefaßt wurden, so schränkte das die Befugnisse der Regierungspräsidenten nicht ein, weil die an der Spitze der Provinzen stehenden Oberpräsidenten ursprünglich keine selbständige Verwaltungstätigkeit auszuüben hatten, vielmehr als koordinierende Kräfte den Verwaltungszusammenhang innerhalb der Provinzen sichern sollten. Darüber hinaus übten die Oberpräsidenten eine unschätzbare ideelle Aufgabe aus als Repräsentanten der Berliner Ministerien in der jeweiligen Provinz. Diese regionalen Großbezirke hatten in Preußen Tradition und Selbstbewußtsein entwickelt, waren Träger eigenständiger Gebietsentwicklung geworden und stellten ein föderativ-demokratisches Element dar, das bei der nun einsetzenden Entwicklung zum Verfassungsstaat wichtige Dienste geleistet hat. Die Oberpräsidien waren weder eine Luxuseinrichtung noch Sinekuren; der Unterschied der preußischen Verwaltungsorganisation zur französischen Departementseinteilung offenbart sich hier mit größter Deutlichkeit: den organisch gewachsenen Bestandteilen des Gesamtstaates wurde ihr Eigendasein ausdrücklich eingeräumt, damit sie Mitverantwortung übernehmen konnten und die Zentralbehörden entlasteten. Diese Behördenorganisation nach 1815 gehört zu den besten Staatsleistungen Preußens und hat alle anderen deutschen Einrichtungen jener Zeit übertroffen. Es ist bemerkenswert, daß an der Spitze der (seit 1822) acht preußischen Provinzen sämtlich Oberpräsidenten standen, die in der Reformzeit dem engeren Arbeitskreis des Staatsministers Freiherrn vom Stein angehört hatten und nunmehr die Prinzipien staatlicher Selbstverwaltung in ihren Tätigkeitsbereichen verwirklichten. Damals gliederte sich Preußen in die Provinzen Preußen (Ost- und Westpreußen), Pommern, Posen, Brandenburg, Schlesien, Provinz Sachsen, Westfalen, Rheinprovinz.

Nach ihrer Herkunft, Vorbildung und Befähigung konnten die Ober- und Regierungspräsidenten als die Exponenten der Staatsidee gelten, die über regionale Unterschiede hinweg „die Einheit des Geistes und der Verwaltung anstrebten", was Wilhelm v, Humboldt damals als unerläßlich für die organische Verschmelzung der Einzelteile mit dem Gesamtstaat ansah; nicht auf mechanischem oder auf dem formalen Wege der Über- und Unterordnung, sondern durch Überlegung, Maß, Zurückhaltung und Einsicht, ebenso wie durch Entschiedenheit, Unbeirrbarkeit und Zuverlässigkeit. Die meisten standen noch im Strom der belebenden Fortwirkungen der Reformzeit; gleichwohl war in Preußen der Bestand an geeigneten Fachkräften mit Überblick und Verantwortungsfreude durch die erheblichen Verluste und Veränderungen seit 1806 stark abgesunken. Die alten Provinzen bedurften dringend der personellen Erneuerung, nicht weniger Aufmerksamkeit beanspruchten so schwierige Grenzgebiete wie Posen und der anfangs als unbotmäßig geltende Landstrich zwischen Koblenz und Köln. In Posen boten Hardenbergs Mitarbeiter Zerboni di Sposetti und Stein v. Kamienski, letzterer ein ebenso exakter wie im Umgangston verbindlicher preußischer Beamter aus altpolnischem Adel, Gewähr für die taktvolle und würdige Vertretung preußischer Belange. Oberpräsident in Köln wurde Graf Solms-Laubach aus edelfreiem Geschlecht des Lahntals, die Regierungspräsidenten kamen aus Hamm, Minden und Essen nach Cleve, Düsseldorf, Koblenz, Köln, Trier und Aachen. Entgegen dem preußischen Prinzip, das Indigenat bei der Berufung in hohe Staatsstellen möglichst zu umgehen, sind Präsidentenstellen in den sechs rheinischen Regierungsbezirken sehr bald auch durch einheimische Kräfte besetzt worden. Diese Praxis erwies sich als ebenfalls unumgänglich bei der Eingliederung des Regierungsbezirks Merseburg in die Provinz Sachsen: Regierungspräsident v. Schönberg war erst 1815 von sächsischen in preußische Dienste getreten und erleichterte den früher sächsischen Beamten durch sein Beispiel die reibungslose Fortführung der Verwaltung zum Nutzen der Bewohner dieses Landes. Es sind mit gutem Urteil Persönlichkeiten in verantwortungsvolle Stellen gebracht worden, die ihre Aufträge selbständig erfüllen konnten; bei Wahrung des übergeordneten Gesamtstaatsinteresses ebenso wie unter Berücksichtigung landschaftlicher Besonderheiten, teilweise unter vorläufiger Beibehaltung fremder Rechtssysteme und angesichts einer beweglichen, kritischen Bevölkerung, die für den Staat erst noch gewonnen werden sollte.

Der preußische Adel hat nicht allein seine Güter bewirtschaftet, sondern sowohl im Heer als auch in der Verwaltung leitende Stellungen innegehabt. Jene Eigenschaften, die im allgemeinen von Haus aus erwartet werden konnten: Tradition, Erziehung, Bildung und Welterfahrung, ebenso selbständiges wie loyales Verhalten gegenüber dem Monarchen waren neben guten Formen, Selbstbewußtsein und Verantwortungsfreude damals noch unerläßliche Voraussetzungen für die Ausübung des höheren Verwaltungsdienstes. Daß demgegenüber das bürgerliche Element zurückgestellt worden wäre, ist schon angesichts des ständig wachsenden Bedarfs an Führungskräften unzutreffend: die Jahr um Jahr neu vollzogene Nobilitierung verdienter Persönlichkeiten mit gleichen Eigenschaften ergänzte in sehr erwünschter Weise den meist ohnehin dem Beamtenadel angehörigen Stand. Nur ein Bruchteil der preußischen hohen Beamten und Offiziere entstammten uradeligen Geschlechtern, und das Verhältnis änderte sich bis zum Ausgang der Monarchie weiterhin sehr rasch zugunsten des neunobilitierten Beamtenadels.

Seit der Ablösung des Kabinettssystems durch fachbezogene Ressortminister stand dem König zur vorbereitenden Entschlußfassung in höchsten Regierungsangelegenheiten das Staatsministerium zur Verfügung. Im Zusammenhang mit den Reformgesetzen, die auch ausführliche Vorschläge zur Neuorganisation der Verwaltungsspitze enthalten hatten, war durch Kabinettsordre vom 3. Juni 1814 das Preußische Staatsministerium als kollegialische Versammlung der Fachminister ins Leben gerufen worden zwecks gemeinschaftlicher Beratung solcher Geschäftsgegenstände, die mehrere Ministerien betrafen. Zudem wurde es zuständig für alle Gesetzesentwürfe und Änderungen, für die Verwaltungsführung der Oberpräsidenten und der Regierungen, für Grenzenveränderungen der Verwaltungsbezirke, sodann für die Haushaltsvoranschläge, für Militäreinrichtungen im Lande und die Ernennung höherer Verwaltungsbeamter. In der vorkonstitutionellen Epoche hat das Staatsministerium mit großem Verantwortungsbewußtsein alle Arbeit leisten können, die von einem armen und verhältnismäßig kleinen Staat in der täglichen Verwaltung erwartet worden ist. Obwohl oberste leitende Behörde, stand ihr doch keine Exekutive zu, diese blieb jedem einzelnen Ressort in eigener Verantwortung vorbehalten.

Friedrich Wilhelm III. war geneigt, den durch die Reformgesetzgebung veränderten Verfassungszustand Preußens durch Volksvertretungen auf allen Ebenen zu ergänzen, wie dies vorbildlich bereits in der Städteordnung geschehen war, und auf dieser Grundlage eine geschriebene Verfassung zu verkünden, wozu ihn Stein und Hardenberg wiederholt (1810, 1815, 1820) in öffentlichen Kundgebungen veranlaßten. An dieses „Verfassungsversprechen" hatten sich in Preußen übertriebene liberale Erwartungen geknüpft. Es wurde übersehen, daß Preußen seit seinem Eintritt in den Deutschen Bund Bindungen unterworfen war,* die ihm in der Verfassungsfrage keinen Alleingang mehr ermöglichten. Diese Festlegung wurde noch verstärkt durch den ideologischen Überbau der „Heiligen Allianz", den Aufruf des Zaren zu religiöser Umkehr in den Formen und Inhalten der Politik. Nach Umgestaltung des ursprünglich religiös-moralischen Textes durch Metternich vereinigten sich am 26. September 1815 Zar Alexander I. von Rußland, Kaiser Franz I. von Österreich und König Friedrich Wilhelm III. von Preußen zu einem Bündnis auf christlicher Grundlage, dem nach und nach alle europäischen christlichen Herrscher beitraten (für England nur der Prinzregent als Person). Diese Grundsatzerklärung wurde bereits wenige Wochen danach ergänzt durch den wirkungsvolleren Viermächtepakt zwischen Rußland, England, Österreich und Preußen vom 20. November 1815 zur Garantie der auf dem Wiener Kongreß erreichten neuen Ordnung.

Angesichts solcher Eingrenzungen von außen hat Hardenberg als Leiter der preußischen Gesamtpolitik einen anderen Weg eingeschlagen, auf dem er schrittweise der Einlösung des Verfassungsversprechens näherkommen

* Deutsche Bundesakte vom 8. Juni 1815, Schlußakte der Wiener Ministerkonferenz vom 15. Mai 1820.

konnte. Die in den Reformgesetzen bereits vorgesehenen Kreisständischen Vertretungen haben 1823 Provinzialstände gewählt, die in neu errichteten Provinziallandtagen die regionalen Angelegenheiten beraten konnten und den leitenden Behörden ihre Wünsche in Empfehlungen und Petitionen darlegten. Wenngleich der radikalen Richtung unter den Liberalen hierdurch nicht genügt wurde, so ist doch zweifellos von den Kreis- und Provinziallandtagen eine aktive Mitbeteiligung angeregt worden, die zur praktisch-politischen Entfaltung des öffentlichen Lebens in allen Landesteilen erheblich beigetragen hat und deren Äußerungen im Staatsministerium Beachtung fanden. Mehr war nicht zu erreichen in einer Zeit, die von einer finanziellen, aber auch seelischen Depression nach den Aufregungen und Belastungen der vorangegangenen Jahrzehnte bestimmt war. Trotz des tiefen Ruhebedürfnisses stagnierte auch in Preußen die Entwicklung nicht, wenn ihr auch Grenzen gesetzt waren, so daß vieles Wünschbare unerfüllt bleiben mußte.

Die Geschlossenheit des Staatswesens, die bisher ausschließlich von der Krone verbürgt war, zu verstärken und durch Kräfte der Innerlichkeit und Lebensauffassung zu erneuern, ist die Absicht einer weitreichenden konfessionspolitischen Maßnahme des Königs gewesen, die seiner persönlichen Überzeugung entsprach und weitreichende Folgen haben sollte. Anläßlich der Erinnerung an das Reformationsereignis vor 300 Jahren erfolgte am 27. September 1817 der Unionsaufruf des Königs an die lutherischen und reformierten Gemeinden, sich zu Gottesdienst- und Abendmahlsgemeinschaften zu vereinen. Diesem Aufruf ist die überwiegende Mehrheit der Gemeinden gefolgt; die Agende von 1822 brachte die Kultus-Union, vermochte jedoch die bisherigen Glaubensunterschiede nicht aufzuheben, sondern ließ sie innerhalb der neuen Gemeinschaft fortbestehen, die sich nun „Evangelische Kirche in den preußischen Landen" (Preußische Evangelische Landeskirche) nannte. Einzelne Gemeinden – von nennenswerter Stärke nur in Schlesien – meinten sich aus Glaubensgründen der Union nicht anschließen zu können und bildeten altlutherische Gemeinden, die jedoch die Höchstzahl von insgesamt 50000 Mitgliedern nicht überschritten. Aus gleichen Motiven hatten gesonderte reformierte Gemeinden Bestand, die weiterhin eigene Gotteshäuser unterhielten. Das landesherrliche Kirchenregiment war der Preußischen Evangelischen Landeskirche erhalten geblieben, abgeleitet aus der Reformation. Die Schlüsselgewalt der Wortverkündigung (potestas clavium) war den Konsistorien und Synoden vorbehalten; die landesherrliche Jurisdiktion der Bischöfe aus der vorreformatorischen Zeit war jedoch an den weltlichen Landesherrn übergegangen, der in dieser Hinsicht „Summus episcopus“ war, soweit ihm die Ausübung der „iura circa sacra“ zustand.

Die liberalen Tendenzen des Zeitalters brachten es mit sich, daß die Staatsführung nicht nur wegen der noch ausstehenden Verfassung von fortschrittlicher Seite bedrängt wurde, sondern daß ebensolche liberalen Anschauungen zunehmend von klerikaler Seite geargwöhnt wurden. Daß es der nach der Napoleonischen Ära neu erstarkten katholischen Kirche nicht auf Ausgleich und Toleranz, sondern auf entschiedene Bewahrung, ja Ausbreitung ihrer Positionen ankam, zeigte sich im Erzbistum Köln, als die staatlicherseits gewünschte Tolerierung der Mischehen im Hinblick auf eine wahlweise protestantische Kindererziehung strikt verweigert wurde. Als die Gleichberechtigung der Mischehen mit staatlichen Zwangsmitteln durchgesetzt werden sollte, schlug der „Kölner Kirchenstreit“ nach dem Erzbistum Posen hinüber und belastete auch dort das Verhältnis des preußischen Staates zu seinen Einwohnern katholischen Bekenntnisses schwer.

Die bereits unter Friedrich d. Gr. unter dem Vorzeichen der Toleranz geförderte Emanzipation der Juden in Preußen erhielt durch das von Hardenberg ausgearbeitete Edikt vom 11. März 1812 eine geradezu bahnbrechende Wirkung. Die in Preußen ansässigen privilegierten Juden waren seitdem den sonstigen Staatsbürgern gleichgestellt. Lediglich hinsichtlich der Ausübung des Kultus wurden Sonderbestimmungen zu dessen Schutz erlassen. Freiheit des Wohnsitzes, des Gewerbes, Ankauf von Grundstükken wurden ihnen zugestanden. Für die Zulassung von Juden zu öffentlichen Ämtern trat Wilhelm v. Humboldt ein. Die letzten Beschränkungen (hauptsächlich gegenüber ausländischen Juden) fielen im Jahre 1869. Am kulturellen Leben Preußens nahm das Judentum bereits seit dem Anfang des 19. Jahrhunderts, besonders in Berlin und Breslau, lebhaft teil.

Kunst und Wissenschaft hatten in Preußen während der Regierungszeit Friedrich Wilhelms III. trotz aller innerer und äußerer Nöte einen bedeutenden Aufschwung genommen. Die Baukunst wurde in Fortführung der klassizistischen Ansätze in der friderizianischen Architektur in großen Programmen neu belebt durch Friedrich Gilly, bald aber von dem unermüdlichen, vielseitigen Karl Friedrich Schinkel, danach von seinem Nachfolger Friedrich August Stüler, dem letzten bedeutenden preußischen Klassizisten. Unter den Bildhauern sind die starken Begabungen der in ihren Hauptschaffensperioden kurz aufeinanderfolgenden Johann Gottfried Schadow und Christian Daniel Rauch zu nennen. In die Malerei fanden eindrucksstarke neue Elemente durch die romantische Auffassung von Caspar David Friedrich und Philipp Otto Runge Eingang; aber auch durch realistisch dargebotene Szenen von Menschen, Pferden und Straßen etwa von Eduard Gärtner und Franz Krüger, später in der Sehweise des Impressionismus und thematisch zur großen Historienmalerei erweitert von Adolph Menzel. Als Musiker ist der romantische Erzähler Ernst Theodor (Amadeus) Hoffmann zu nennen, vor allem aber Felix Mendelssohn Bartholdy, während die Hofmusik in Berlin noch lange italienischen Einflüssen (Gaspare Spontini) unterworfen blieb. Im Bereich der Dichtung standen ebenso Heinrich von Kleists dramatisch-heroische wie Eichendorffs und Schenkendorfs lyrische Ausdrucksweise mit variablen literarischen Themen unabhängig neben dem Kreis der Berliner Romantik. Zu dieser Richtung sind Friedrich und August Wilhelm Schlegel, Ludwig Tieck, Achim v. Arnim und Clemens Brentano als die vornehmsten Vertreter zu zählen. Die Wissenschaften erhielten in Berlin 1810 ihre angemessene Stätte in der Friedrich-Wilhelms-Universität, die, solange sie diesen Namen trug, die angesehenste unter allen hohen Schulen Deutschlands gewesen ist. Gleich an ihrem Anfang vereinte sie Männer wie Alexander und Wilhelm v. Humboldt, Barthold Georg Niebuhr, Friedrich Schleiermacher, Johann Gottlieb Fichte, später Savigny, Hegel, Ranke. Die Universität Frankfurt, älteste brandenburgische Gründung, wurde 1811 als Schlesische Friedrich-Wilhelms-Universität oderaufwärts nach Breslau verlegt; die Duisburger Akademie des Großen Kurfürsten erstand 1818 neu in Bonn als Rheinische Friedrich-Wilhelms-Universität, und in Neuenburg wurde 1838 durch Kabinettsordre Friedrich Wilhelms III. eine Universität errichtet, die nach ihrer Neugründung 1848 heute noch als berühmte Hohe Schule, seit 1857 eidgenössisch, besteht. Diese Hinweise können an dieser Stelle vollauf genügen, um deutlich zu machen, daß im „Spree-Athen" die Musen nicht geschwiegen haben; zugleich ist jedoch darauf hinzuweisen, daß hier keine Lokalkultur getrieben worden ist, sondern daß die genannten Künstler und Gelehrten in ihren Leistungen und Wirkungen der ganzen deutschen Nation und darüber hinaus der gesamten Geisteswelt zugehören. Von einer spezifisch „preußischen" Kultur kann ebensowenig wie von einer bayerischen, sächsischen oder österreichischen in jener Zeit gesprochen werden.

In ebendieser Epoche durchschritt Preußen die Übergangszone vom Agrar- zum Industriestaat. Der Schwerpunkt verlagerte sich deshalb zeitweise auf Schlesien und die Provinz Sachsen mit ihren Nachbargebieten. Die Rezession nach den Napoleonischen Kriegen ebenso wie die nun wieder auftretende scharfe englische Konkurrenz riefen zeitweilig Krisen hervor, die aber dank überlegter und wendiger staatlicher Wirtschaftsführung des aus Schlesien stammenden Handelsministers Christian v. Rother frühzeitig erkannt und unter Anwendung unkonventioneller Mittel rasch eingedämmt werden konnten. Der zeitweise gewiß beängstigende Notstand schlesischer Weber betraf nur einen Teil dieser Berufsgruppe und war immer wieder in verhältnismäßig kurzer Zeit zu beheben, darf daher nicht überbewertet, jedenfalls nicht als ausschließlich preußisches Sozialproblem angesehen werden. Das nicht standortgebundene Gewerbe der Spitzen-, Leinen- und Tuchherstellung verblieb in den übervölkerten agrarischen Kümmergebieten längs des Randes der süd-schlesisch-mährischen Gebirge, wo die Häusler ihre Nebenverdienste durch Heimarbeit brauchten.

Entscheidende Bedeutung erlangte die Schwerindustrie. Die Zinkerzeugung nahm rasch zu und deckte um die Jahrhundertmitte fast 40 Prozent der damaligen Weltproduktion. Zug um Zug mit der Entstehung der großen Hüttenwerke wurde der Abbau der Steinkohle in Oberschlesien wie im Waldenburger Revier gefördert; in derselben Zeit stieg der Jahresertrag um das Vierfache, meist über eine Million Tonnen. Die Funktionsfähigkeit des Steinkohlebergbaus blieb von einem dicht ausgebauten, leistungsfähigen Wasserstraßennetz abhängig; die umfassende Oderstromregulierung entlastete die Landverkehrswege, bis dann infolge Linienführung und Tempo des hier 1842 einsetzenden Eisenbahnbaus Schlesien nach der Streckenlänge an die erste Stelle aller preußischen Provinzen rückte. Erst danach konnte durch engeren Verkehrsverbund auch die Erzverhüttung steil ansteigen.

Weniger stürmisch verlief die Entwicklung im Mansfeldischen Kupferschieferbergbau und in der preußischen Harzregion. Die seit langem ausgebeuteten, allmählich versiegenden Erzgänge boten jedoch in der ersten Hälfte des 19. Jahrhunderts noch eine günstige Grundlage für metallverarbeitendes Gewerbe. In ganz anderem Maßstabe begann nun aber, gestützt auf die Erfahrungen in den Abbau- und Fertigungsmethoden Schlesiens, die Entfaltung der westfälischen Industrielandschaft mit den gleichen günstigen Standortbedingungen durch räumlich enge Verbindung von Kohle und Eisenvorkommen in ergiebigen Mengen, dazu aber auch solcher an Kupfer, Blei, Zink, Schwefelkies. Hinsichtlich des Entwicklungstempos hat Westfalen nach einer verspäteten Anlaufphase einen ganz ähnlichen Aufschwung erfahren wie Schlesien, ebenso von Transportbedingungen des Verkehrsnetzes abhängig und in der Dreiteilung zwischen Schwerindustrie, Textilherstellung und Landwirtschaft auf das engste verwandt.

Die Landwirtschaft hat sich nach wissenschaftlichen Methoden in Akkerbau und Viehzucht gleichfalls entfalten und die Bedingungen für eine gesicherte Ernährung der rasch wachsenden Bevölkerung schaffen können.

Winterfeste Getreidearten gewährleisteten in den östlichen Gebieten die Ernteerträge. Durch Bestellung der bisherigen Brache durch Hackfrüchte, besonders Zuckerrüben, wurde jetzt erst die Dreifelderwirtschaft voll ausgenutzt und unter Hinzunahme der Allmende der kulturfähige Boden fast verdreifacht. Durch Umlegung (Separation) konnten die Bauernwirtschaften rentabler gestaltet und ohne zusätzliche Arbeitskräfte auch vergrößert werden. Die preußische Agrargesetzgebung war fortschrittlich über ihre Zeit hinaus. Sie zielte auf spannfähige, lebenskräftige Grundstücke. Dadurch wurde die Landwirtschaft zuschußfrei gesund erhalten; die überschüssige Bevölkerung fand sofort Aufnahme in der wachsenden Industrie. Noch vor Einführung der künstlichen Düngung hatte die schlesische Landwirtschaft Hektarerträge von 20 Doppelzentnern Getreide erreicht. Die Zukunft gehörte dem landwirtschaftlichen Großbetrieb. Das ist aus sozialromantischer Sicht oft kritisiert worden, ohne daß man den ökonomischen Gegenbeweis hätte antreten können. Aus großstädtisch-landfremder Perspektive und unter dem Druck ideologischer Doktrinen sind später jene Kleinsiedlerprojekte entstanden, die ohne Rücksicht auf Klima, Bodengüte und Ertragsfähigkeit kostspielige Experimente mit Menschen und Tieren angestellt haben, die an den nun einmal gegebenen Naturbedingungen scheitern mußten.

Mit der langsamen Gesundung von Wirtschaft und Finanzen nach den schweren Kriegs- und Kriegsfolgeschäden hat Preußen auch bald den Blick auf seine auswärtigen Beziehungen gerichtet. Bereits während des Befreiungskrieges und auf dem Wiener Kongreß war Stein für die Aufhebung der deutschen Binnenzölle eingetreten. Nachdem von 294 souveränen Einzelstaaten des Alten Reichs immerhin 42 übriggeblieben waren, die sich im Deutschen Bund zusammenschlossen, erschien auch deren Zollhoheit immer noch als ein zu großes Hemmnis für die aus Gründen der ökonomischen Vernunft zwingend zu fordernde großflächige Wirtschaftseinheit. Vor allem verlangte es die schlesisch-westfälische Industrieeinheit, daß die territorialstaatlich bedingte zollpolitische Trennung beseitigt wurde. Auch andere deutsche Staaten hatten sich schon zu regionalen Zollgruppen zusammengeschlossen, so daß die Bestrebungen Preußens auch auf diesem Felde nichts Ungewöhnliches darstellten. 1818 wurde das gesamte preußische Territorium zum einheitlichen Zollgebiet erklärt, kurz darauf begannen die Einzelverhandlungen mit Staaten, deren Enklaven von preußischem Gebiet umgeben waren, und erstreckten sich bald auf andere Nachbarstaaten. Aber erst die von kluger Ökonomie und ebenso verbindlicher wie zielstrebiger Verhandlungsführung gekennzeichneten Vertragsabschlüsse des preußischen Finanzministers Friedrich Christian Adolf v. Motz gelangten 1828 mit Hessen, Anhalt und Sachsen-Coburg zum Ziel. Motz stammte aus Kassel, war 1795 in preußischen Staatsdienst getreten, 1817 Regierungspräsident in Erfurt, danach Oberpräsident der Provinz Sachsen geworden und galt als befähigtster preußischer Staatsmann des 19. Jahrhunderts. Er war der Begründer des von Preußen ausgehenden Deutschen Zollvereins, der schließlich mit Ausnahme von Österreich sowie der Hansestädte Hamburg und Bremen das ganze Gebiet des Deutschen Bundes umfaßt hat. Der Zollverein ist, wie es Motz bereits 1829 dargelegt hatte, die Grundbedingung für die deutsche Einigung und auf diese hin angelegt.

Der preußische Handel trat nicht nur ungehindert in vervielfältigte Beziehungen zu anderen Partnern in Deutschland; die dem Finanzminister nachgeordnete „Seehandlung" ließ ihre Staatsfregatten in den Jahren 1822 bis 1842 auf sechs Weltreisen auch zum Abschluß von Handelsverträgen nach China segeln. Präsident der Seehandlung war der bereits genannte Christian v. Rother, der gerade diesen Zweig der staatlichen Handelsunternehmungen wirkungsvoll gefördert hat. Schon schreckten nicht mehr die Seeräubereien der Barbaresken im Mittelmeer; lange Reisen führten preußische Segelschiffe über alle Ozeane. Die Südseefahrten der zwanziger Jahre, ein brasilianisch-preußischer Handelsvertrag von 1827, der Aufenthalt des Prinzen Adalbert von Preußen in Rio de Janeiro, später die einzelnen und Geschwaderfahrten preußischer Kriegsschiffe nach Ostasien zeigten die Erfolge einer aktiven preußischen Handelspolitik, ebenso auch die Belebung privater Initiativen von Reedereien und Werften. Die gelegentlich erwogenen Pläne zur Gewinnung mittel- oder südamerikanischer Stützpunkte waren von vornherein aussichtslos. Dahinter stand freilich der Zwang, neue Absatzgebiete auch in Übersee für Getreide, Holz und Textilerzeugnisse zu suchen. Hohe russische Zölle erschwerten die Getreideausfuhr über preußische Häfen, englische Zollbarrieren zugunsten der kanadischen Forstwirtschaft hemmten die zeitweise sehr ergiebige Holzausfuhr. Mit der Ablösung des dänischen Sundzolls 1856 besserten sich freilich die Handelsbeziehungen mit Westeuropa. Die Ostsee war zu einem mare liberum geworden.

Die beginnende Stabilisierung der europäischen Verhältnisse nach dem Wiener Frieden von 1815 wurde jäh unterbrochen durch die französische Juli-Revolution von 1830. Sowenig diese Frankreich selbst erschüttert hat, so bedenklich waren ihre weitreichenden Folgen im übrigen Europa, insbesondere wegen der nun aufkeimenden, in ihren späteren Auswirkungen so verheerenden Nationalitätenideologie und in der politischen Auseinandersetzung üblich werdenden zügellosen Demagogie. Daß Frankreich ohne nachhaltigen Protest der Vierbundmächte durch die Errichtung des künstlichen Staates Belgien eine Bresche in die nördliche Abwehrfront Mitteleuropas schlagen konnte, ohne England auf den Plan zu rufen, daß radikalliberale Ideen mit Umsturzcharakter in Polen, Skandinavien, Südeuropa, aber auch innerhalb deutschen Bundesgebiets Platz zu gewinnen vermochten, mußte schon um der Selbsterhaltung der betroffenen Mächte willen zu deutlicher Reaktion führen. Gleichwohl blieb Preußen in den letzten Regierungsjahren Friedrich Wilhelms III., gemessen an Süddeutschland und Hannover, vorerst noch im Windschatten des vormärzlichen politischen Biedermeier.

Mit der Thronbesteigung Friedrich Wilhelms IV. im Jahre 1840 schien sich die innenpolitische Lage in Preußen vollends zu entspannen. Unter liberalem Vorzeichen sind jetzt endlich Maßnahmen abgebaut worden, die dazu gedient hatten, in beflissener, einfallsloser Engstirnigkeit die innenpolitischen Richtlinien des Deutschen Bundes ängstlich zu praktizieren. Da es aber schon anfangs nicht gelungen war, den Schwung aus dem großen Erlebnis der Befreiungskriege in Kanäle zu lenken und den überschäumenden politischen Enthusiasmus für den Staat nutzbar zu machen, konnte in dem Spiel der Kräfte, vollends nach der französischen Juli-Revolution von 1830, die das Ende der Heiligen Allianz drastisch anzeigte, der Staat nur noch verlieren. Schon war, bei allem unleugbaren Übergewicht, Österreich nicht mehr der letztlich bestimmende Faktor in Deutschland. Der Schatten des großen russischen Nachbarn legte sich von Jahr zu Jahr dichter über Mitteleuropa, und die weiblichen Verwandten des Zaren, die Petersburg mit den Höfen von Preußen, Württemberg, Baden, Mecklenburg-Schwerin, Oldenburg und Sachsen-Weimar verbanden, waren die besten Diplomaten zur Gewährleistung einer dauernden Einspruchsmöglichkeit.

Friedrich Wilhelm IV., mit der katholischen bayerischen Prinzessin Elisabeth vermählt, war von religiöser Toleranz im Sinne christlicher Glaubensgemeinsamkeit erfüllt, als er 1842 den Grundstein zum Fortbau des Kölner Doms legte, der nun zügig seiner Vollendung entgegengeführt wurde. Im Jahre darauf zelebrierte der Preußenkönig die Feier zum tausendjährigen Bestehen des Deutschen Reichs. Man wird das nicht als „politische Romantik“ abtun können, weil sonst die ganze deutsche Einigungsbewegung unter ein solches Vorzeichen gestellt werden müßte, die doch wohl unbestreitbar einen sehr festen realistischen Kern aufwies.

Eben darum ging es auch bei den Märzunruhen des Jahres 1848 in Berlin.

Jenseits der Tätigkeit der Emissäre des Umsturzes, die zeitweise ihr Inszenarium auf Grund des gewaltsamen Überraschungseffektes planmäßig zu installieren vermochten, lag die beständigere, konstruktive und zukunftweisende politische Richtung einer gemeinsamen deutschen Staatlichkeit über das blaß gebliebene Schema des Deutschen Bundes hinaus. Die königliche Proklamation, daß Preußen fortan in Deutschland aufgehe und das Angebot der erneuerten deutschen Kaiserkrone an diesen Monarchen durch die Paulskirchenversammlung (allerdings: mit 290 Stimmen, bei 248 Enthaltungen!) sind symptomatische, korrespondierende Handlungen weit mehr als momentane Willensbekundungen. Die Anlegung der Schärpe in den Reichsfarben, die zugleich Bundesfarben waren, der Befehl an die Truppen, neben der preußischen die schwarz-rot-goldene Reichskokarde zu führen, die Abstellung des Bruders des Königs zur Einrichtung einer Reichsmarine, die Zustimmung zur Entsendung von Generälen, Bischöfen, Oberpräsidenten als Mitglieder in die Frankfurter Nationalversammlung: alles dieses hat bereits eine Art konstitutiven Charakter, ebenso wie die Eingliederung der bisher der Krone vorbehaltenen Provinzen Preußen und Posen in den Deutschen Bund. Die Berufung des liberalen Kabinetts Camphausen, unkonventionell von Außenseitern als Fachminister gebildet (Hansemann, Rodbertus-Jagetzow, Milde, Gierke), zeigt, in welchem Maße der König sich der konstitutionellen Bewegung geöffnet hatte. Wenn aus innen- und außenpolitischen Gründen, aus Verkennung der Sachlage und Möglichkeiten, infolge von Illusionen, Täuschungen und Fehlschlägen, Interessengegensätzen, mangelnder Vollzugsgewalt und baldiger Resignation, schließlich aus dem Zwang zur Bewahrung öffentlicher Einrichtungen vor der Gefahr drohender Auflösung und Anarchie letztlich der hochgemute Aufschwung gescheitert ist: die Erinnerung an das Gefühl einer größeren Gemeinsamkeit blieb lebendig, und kein Staat konnte dies ungeschehen machen und hinter die Frühjahrsereignisse 1848 wieder zurückweichen.

Staatsrechtlich blieb der Deutsche Bund bestehen, der neben der zeitweiligen Reichsgewalt existierte und sich als die überdauernde Einrichtung erwies. Neben die kurzlebige Frankfurter Nationalversammlung trat bald die aus dem Vereinigten Landtag entwickelte preußische Nationalversammlung, neben die kaum Geltung erlangende Reichsverfassung die erste preußische Verfassung. Die rasch zunehmende Zurückhaltung der deutschen Fürsten in der Frage der Reichseinigung war mitbedingt durch die Drohungen der Flügelmächte Frankreich und Rußland, einen 50-Millionen-Staat in der Mitte Europas nicht zulassen zu wollen, ferner durch die Erklärung

Österreichs über seinen Charakter als selbständiger, souveräner Staat, wozu der böhmische und ungarische Separatismus allen Anlaß gegeben hatte. Auf das Angebot der Kaiserwürde an den Preußenkönig (an dem österreichischen Reichsverweser vorbei!) vermochte daher Friedrich Wilhelm IV. nur zu antworten, daß er seine Zustimmung von der einhelligen Mitträgerschaft aller deutscher Fürsten abhängig machen müsse – und eben davon konnte keine Rede sein. Seine Haltung blieb schwankend und verbreitete Unsicherheit über die gegenwärtig gültige staatsrechtliche Lage Preußens. Die in Mittel- und Süddeutschland rasch um sich greifenden Unruhen hatten höchst verschiedene Motive, unter denen die gewaltsame Durchführung der Reichsverfassung und die Unterstützung Friedrich Wilhelms IV. ebenso anzutreffen sind wie offener Umsturz und Resignation. So zwiespältig und unklar waren die Fronten im Breslauer Maiaufstand von 1849, daß der von der preußischen Staatsregierung zum Oberpräsidenten berufene Bürgermeister Pinder die Steuerverweigerung als eine zulässige Kampfmaßnahme erklärte.

Es war der illegitime Hohenzollernsproß Friedrich Wilhelm Graf von Brandenburg, der hier energisch eingriff und die Dynastie vor gefährlicher Nachgiebigkeit bewahrte. In dem Bromberger Regierungspräsidenten Hans Eduard v. Schleinitz holte er einen kraftvollen, unbedingten Vertreter der Staatsinteressen als Oberpräsidenten und anfangs zugleich Regierungspräsidenten in Liegnitz nach Breslau, der sachkundig und einfallsreich eine erfolgreiche Verwaltungstätigkeit über zwei Jahrzehnte ausübte. Daß jedoch gleichzeitig in Bromberg eine Vakanz entstand, war um so schwerwiegender, als der sehr schwache Oberpräsident in Posen der aufkeimenden polnischen Nationalitätenbewegung nicht den geringsten Widerstand entgegensetzte.

Wie bei den Beamten der zivilen Verwaltung, so herrschte auch bei den Offizieren der preußischen Armee Unsicherheit über die Absichten des Monarchen. Die zehn aktiven Offiziere, die Mitglieder des Paulskirchenparlaments waren, zogen sich zusammen mit den dort zahlreicher vertretenen preußischen Beamten von jeder Mitarbeit zurück, als im Mai 1849 bei der praktischen Auflösung der kurzlebigen Reichsgewalt die österreichischen Abgeordneten ausschieden und Erzherzog Johann sein Amt als Reichsverweser zum Jahresschluß niederlegte. Daß dieses unverhoffte Ende von literarischen Stellungnahmen einiger politisch interessierter Offiziere begleitet wurde, ist nicht erstaunlich; gegenüber den weit überwiegend loyalen Meinungsäußerungen bildeten oppositionelle oder gar revolutionäre Schriften die verschwindende Ausnahme und dürfen nicht überbewertet werden. Das Offizierskorps stand zuverlässig und fest im wirren und wechselnden Gewoge der Meinungen, von einem persönlich liebenswerten Monarchen mit unklaren, widersprüchlichen, wechselnden Weisungen alleingelassen; daher bemüht, entschlossen die Pflicht zu tun, die Disziplin aufrechtzuhalten und die unbedingte Verwendungsfähigkeit der Truppe zu gewährleisten. Mit Festigkeit sollte dem drohenden russischen Aufmarsch an den preußischen Ostgrenzen begegnet werden können.

Anders die Landwehr. Die Einberufungen im Spätherbst 1848 gingen ordnungsgemäß vor sich. Weitere Einziehungen in Erfurt, Westfalen und Düsseldorf stießen jedoch teilweise auf Ungehorsam. Bei den Einberufungen im Mai 1849 entstanden angesichts der schwankenden Zielsetzungen des Königs und seiner Umgebung ernstere Unruhen. In dem unüberschaubar gewordenen Konflikt wurden viele bis dahin loyale Bürger unsicher. In Elberfeld versammelten sich zur Einberufung vorgesehene Landwehrmänner, die noch nicht unter Kriegsgesetz standen, veröffentlichten ein nationalrevolutionäres Manifest, setzten sich jedoch von Kommunisten wie Friedrich Engels deutlich ab; die Besonnenheit anderer Wehrpflichtiger stellte die Ordnung vor dem Eintreffen von Linientruppen wieder her. Eine „organisierte Landwehrmeuterei“ ist das nicht gewesen. Einzelne Exzesse führten zur Entwaffnung eines Berliner Landwehrregiments; gegen Plünderungen der Landwehrzeughäuser, so in Iserlohn und Prüm, wurde scharf eingeschritten. Die weitaus meisten Einheiten haben bei den Befriedungsexekutionen in Mittel- und Süddeutschland ihre Pflicht getan. Dadurch wurde dort einer sonst zu befürchtenden Besetzung durch russische Truppen vorgebeugt, wie sie Ungarn über sich ergehen lassen mußte.

Einen unerwarteten territorialen Gewinn konnte Preußen jedoch aus jenen wirren Zeiten davontragen. Die ersten Landesherren, die auf ihr Territorium verzichteten und dieses der deutschen Zentralgewalt zur Verfügung stellten, waren die Fürsten von Hohenzollern-Hechingen und Sigmaringen. Da sich die Frankfurter Reichsregierung bald wieder auflöste, wurden von Berlin aus Verhandlungen wegen der Übernahme der Fürstentümer bei gleichzeitiger Abfindung der Fürsten aufgenommen und 1850 die Vereinigungen mit dem preußischen Staat vollzogen. Ein neuer Regierungsbezirk für die Hohenzollernschen Lande wurde in Sigmaringen eingerichtet, die Beamten meist aus der einheimischen Verwaltung entnommen. Das immediate Gebiet wurde der formalen Dienstaufsicht des Oberpräsidenten der Rheinprovinz unterstellt, sonst blieb der Regierungspräsident selbständig. Der gesamte Bezirk zählte 114 222 Hektar mit 65 000 Einwohnern in 125

Gemeinden. Zum Oberamt Sigmaringen gehörte die bereits 1535 aus habsburgischem Besitz an die schwäbische Linie der Hohenzollern übergegangene Grafschaft Veringen; auch diese wurde seit 1850 eigens im Besitztitel und Großen Wappen der preußischen Herrscher geführt. Nur wenige Jahre später verlor allerdings Preußen sein am südlichsten gelegenes Besitztum, das Fürstentum Neuenburg mit der Grafschaft Valangin an die Schweizer Eidgenossenschaft, die sich dieses Gebiet – bereits seit 1815 gleichzeitig eidgenössischer Kanton – in revolutionärem Akt 1848 als demokratische Republik inkorporiert hatte. Noch 1856 erfolgte ein royalistischer Gegenschlag, doch wurden in erneuter republikanischer Aktion 530 königstreue Anhänger als Geiseln festgesetzt. Als nach schon angeordneter Teilmobilmachung von 9 Divisionen gegen die Schweiz jedoch die Befreiung und Amnestie der Geiseln gewährleistet wurde, verzichtete Friedrich Wilhelm IV. förmlich auf seine Rechte an Neuchâtel und behielt lediglich noch persönlich den Titel eines Fürsten von Neuenburg. Es war sein letzter außenpolitischer Regierungsakt und zugleich eine Niederlage, die ihn tief schmerzte.

Unterdessen hatte Preußen die Ansätze zu der mit dem Zollverein begonnenen deutschen Einigungsbewegung, die 1848 in so greifbare Nähe gerückt war, wiederaufgenommen. Das Ende der Reichsgewalt sollte nicht zugleich der Abschied vom Reichsgedanken sein. Mit dieser Zielsetzung hatte Graf Brandenburg als preußischer Außenminister im Mai 1849 ein Dreikönigsbündnis mit Sachsen und Hannover zustande gebracht; dem Einigungsgedanken wurde im Frühjahr 1850 im Erfurter Parlament ein Beratungsorgan geschaffen. Dieses war jedoch zumeist von preußischen Abgeordneten beschickt. Österreich erholte sich nach Niederwerfung des ungarischen Aufstandes und kehrte zu seiner deutschen Politik zurück. Gegenüber dem Wunsch der kleineren deutschen Staaten, den Frankfurter Bundestag wieder zu beleben, wozu Österreich aufgerufen hatte, mußte die Unionspolitik Preußens, die der General Joseph von Radowitz als neuer Außenminister vertreten hatte, scheitern. Die Folgerung zogen Wien und Berlin in engem Einvernehmen, als sie zu der formell nicht aufgehobenen Verfassung des Deutschen Bundes zurückkehrten.

Gescheitert war zugleich die einzige außenpolitische Aktion der provisorischen Reichsgewalt von 1848/49: die Inkorporierung Schleswigs. Preußen als Ostseestaat war darauf angewiesen, ein gutes Nachbarschaftsverhältnis zu Dänemark zu pflegen wegen der Kontrolle der Ostseezugänge und des noch bis 1856 erhobenen Sundzolls, der von jedem passierenden Schiff im Wechsel von der Ost- zur Nordsee gefordert wurde. Der König von Dänemark war als Herzog von Holstein und Lauenburg Mitglied des Deutschen Bundes. Friedrich Wilhelm IV. hatte in dem dänischen Monarchen Christian VIII. einen Geistesverwandten, den er enger an den mitteleuropäischen deutschen Block heranzuziehen suchte. Dänemark sollte als „Admiralstaat“ für die gesamte Seeverteidigung des Deutschen Bundes verantwortlich sein, dafür bot ihm der Preußenkönig bei seinem Staatsbesuch in Kopenhagen 1845 die Großadmiralswürde von Deutschland an. Das war nicht so abwegig, wenn man die feste Stellung, die Dänemark als militärischer Verbündeter zu Lande bereits besaß, berücksichtigt. So wurden bei Revuen und Inspektionen des X. Bundeskorps unter anderem Pioniere und Trains in Kopenhagen durch württembergische Offiziere besichtigt, so wie dänische Offiziere an Inspektionen der württembergischen Kontingente beteiligt waren. Das alles wurde hinfällig, als aus einem verläßlichen Verbündeten ein sehr unbequemer Gegner geworden war.

Im März 1848 hatte der neue König Friedrich VII. von Dänemark, gestützt auf eine Proklamation seines Vorgängers, die Einverleibung Schleswigs in den dänischen Gesamtstaat beabsichtigt. Gegen diese Gefahr bildete sich eine Schleswig-Holsteinische Regierung in Kiel, die von dem Deutschen Bundestag anerkannt wurde. Die bis in Einzelheiten ausgearbeitete und in zahlreichen Inspektionen, Übungen, sogar Probemobilmachungen überprüfte und ständig verbesserte Kriegsverfassung des Deutschen Bundes hatte eine mehr als dreißigjährige ruhige Zeit ohne Waffengang hinter sich, als am 4. April 1848 die Bundesexekution gegen das Bundesmitglied Dänemark beschlossen wurde, der betroffene Staat daraufhin seinen Austritt aus dem Bund vollzog und unerwartet schnell höchst wirksame Kriegshandlungen beging. Mit der Durchführung der Bundesexekution wurde Preußen beauftragt, wofür rund ein Drittel der Bundesarmee mit gemischten Kontingenten bereitgestellt wurde.

Dem preußischen Einmarsch in Jütland wurde durch das diplomatische Eingreifen von Rußland und Frankreich überraschend Halt geboten. Der Waffenstillstand in Malmö 1848 stellte eine schwere Krise für das Frankfurter Paulskirchenparlament dar. Der 1849 wiederaufgenommene Kampf endete bereits nach wenigen Wochen durch Vermittlung der Großmächte ruhmlos im Frieden zu Berlin 1850. Die preußischen Offiziere in der schleswig-holsteinischen Armee, darunter der nachmalige preußische Kriegsminister v. Bonin, wurden abberufen, die Schleswig-Holsteiner ihrem Schicksal überlassen.

Unmittelbar danach kam es zu einer weiteren Bundesexekution gegen Kurhessen, das von Preußen als Unionsmitglied betrachtet wurde und das dagegen militärisch seitens des Bundes geschützt werden sollte. Der drohende militärische Konflikt mit Österreich wurde dadurch verhindert, daß sich Rußland stark an Österreichs Seite stellte. So hat Preußen nachgegeben und im Vertrag von Olmütz am 29. November 1850 auf die Einmischung in Hessen sowie überhaupt auf die Weiterführung seiner Unionspolitik Verzicht geleistet. Der Vertrag ist lange Zeit als Tiefpunkt der preußischen Außengeltung angesehen worden. Jedoch wird eine realistische Betrachtung einräumen, daß Preußen zu einem kriegerischen Austrag mit Österreich um die Hegemoniestellung in Deutschland noch nicht in der Lage war. Der Abgeordnete v. Bismarck hatte den Abbau der Spannungen befürwortet und war in seiner Jungfernrede vor dem preußischen Landtag am 3. Dezember 1850 dafür eingetreten, „daß dasjenige, was Preußen und Österreich nach gemeinschaftlicher, unabhängiger Erwägung für vernünftig und politisch richtig halten, durch die beiden gleichberechtigten Schutzmächte Deutschlands gemeinschaftlich ausgeführt werde". Damit war die Formel gefunden worden, die für die folgenden anderthalb Jahrzehnte den deutschen Dualismus in der Schwebe halten und die Politik Preußens im Deutschen Bund bestimmen sollte.

VI. PREUSSENS WEG INS REICH

Für den in Depressionen gefallenen und bald geistig umnachteten Friedrich Wilhelm IV. übernahm 1857 sein Bruder Wilhelm die Regierung. Nach dem Tode des Königs folgte er 1861 als Wilhelm I. Überraschenderweise bildete er sein Ministerium aus Männern von erklärt liberaler Richtung, so daß die „Neue Ära" der Zeitströmung zu entsprechen schien. Eben dieses war radikalen Gruppen nicht recht; im Juli 1861 wurde in Baden-Baden auf der Promenade ein erfolgloses Pistolenattentat auf den König verübt. König Wilhelm leitete die Übernahme seines Amtes am 18. Oktober 1861 mit einer feierlichen Krönung im Schloß zu Königsberg ein. Am Vorabend hatte eine Kapitelsitzung der Mitglieder des Schwarzen Adlerordens stattgefunden; die Krönungszeremonie am folgenden Tage wiederholte die des Jahres 1701, und das Krönungsgebet des konsekrierenden Geistlichen hatte denselben Wortlaut. Zur Erinnerung an den Krönungstag wurde der Königliche Kronenorden gestiftet, im Rang dem Roten Adlerorden gleich, der um die höhere Klasse des Großkreuzes erweitert wurde. Der Krönungsakt – Selbstaufsetzen der Krone, Elevation von Zepter, Reichsapfel und Reichsschwert – ist von Adolph Menzel in der farbenreichen Atmosphäre jenes sonnigen Herbsttages, der zugleich an das Datum der Schlacht bei Leipzig 1813 als Befreiung Deutschlands von der Tyrannei erinnern sollte, in einem berühmten Gemälde festgehalten worden. Unter den persönlich gesprochenen Glückwunschadressen war besonders bemerkenswert die des Erzbischofs von Köln, der im Namen von acht versammelten katholischen Bischöfen die Huldigung darbrachte, die unbehinderte Wirksamkeit der Kirche dem königlichen Schutz anvertraute und gelobte, daß alle Gläubigen in der Bewahrung der ewigen Gottesordnung und der darauf gegründeten Menschenordnung treu zu ihrem König stehen würden. Ebenso beachtet wurde die Ansprache des früheren Präsidenten des Abgeordnetenhauses, Eduard Martin Simson, einst Präsident der Deutschen Nationalversammlung von 1848, der damals dem Preußenkönig die Kaiserwürde angetragen hatte. Simson unterstrich die persönliche Beziehung des Herrschers zu seinem Volk und sah in der gegenüber 1850 revidierten Verfassung eine Steigerung von Reinheit und Energie des Staatslebens. Die Selbstdarstellung der preußischen Krone wurde somit zu einem Fest der

Versöhnung; die Vergangenheit war kein Streitpunkt, sondern war aufgehoben in einem gemeinsam ertragenen Schicksal, der Weg nach vorn war frei.

Die preußischen Unionsbestrebungen waren zurückgestellt, aber nicht vergessen. Der Einigungsgedanke wurde jetzt in breiter Öffentlichkeitsarbeit von dem 1859 gegründeten Deutschen Nationalverein getragen, der in Hannover viel Anhang fand. Von dem Krieg, den Österreich gegen Frankreich in Italien zu bestehen hatte, hielt sich Preußen fern, weil die Voraussetzungen für eine Bundesexekution nicht gegeben waren und europäische Verwicklungen von größerer Ausdehnung befürchtet werden mußten. Am Ende dieses Jahres hatte der Prinzregent Wilhelm, den die mangelnde Kriegsbereitschaft der preußischen Armee, die in Europa sprichwörtlich war, mit Sorge erfüllte, Albrecht v. Roon zum Kriegsminister berufen. Dieser griff die Pläne seines Vorgängers v. Bonin, der in der damaligen Landwehrverfassung die eigentliche Ursache für die abgesunkene Leistungsfähigkeit erkannt hatte, mit Energie auf.

Die Kriegsverfassung des Deutschen Bundes verlangte von Preußen im Kriegsfall die Bereitstellung von mindestens drei mobilen Armeekorps. Die Präsenzstärke von 130000 Mann ist jedoch niemals erreicht worden. Zeitweise war die dreijährige auf die zweijährige Dienstzeit vermindert, die Etatstärke um 10 vom Hundert gekürzt worden. Das Heer hatte lediglich 2 aktive Brigaden je Korps, die gleiche Zahl sollte durch Landwehr aufgefüllt werden, wodurch das die Schlagkraft der Truppe herabsetzende Experiment vom Sommer 1813 jetzt ohne Not wiederholt wurde. Noch 1819 befriedigten die Landwehrübungen im Divisonsverband, aber die Kriegserfahrungen schwanden, zugleich nahm das Gefühl der Bedrohung ab. Die in Krisenzeiten angesetzten Teilmobilmachungen zeigten einen kläglichen Zustand; die Feldzüge von 1848 und 1849 hatten in den Leistungen der Truppen ebenso wie denen der Führung nicht überzeugt. Im Jahre 1857 waren 155000 Wehrpflichtige gemustert, jedoch nur 40000 eingestellt worden. Ein Abbau der fortgesetzten Beanspruchung der Landwehr zugunsten vermehrter Heranziehung von Linientruppen schien dem Kriegsminister von Bonin ohne wesentlichen finanziellen Mehrbedarf beim Übergang zu zweijähriger Dienstzeit durchführbar. Der Prinzregent hielt jedoch in Überschätzung der im Krimkrieg gezeigten Leistungen der langdienenden französischen Berufsarmee hartnäckig an der dreijährigen Dienstzeit fest. Das preußische Abgeordnetenhaus setzte dem einen heftigen grundsätzlichen Widerstand entgegen. Zur Lösung dieses Prinzipienstreits war eben Roon berufen worden. Die anläßlich des österreichischfranzösischen Krieges in Italien als preußische Neutralitätswacht mobilisierten 32 Landwehrregimenter wurden nicht entlassen, sondern durch Zuweisung von wehrpflichtigen Rekruten in neue Linienregimenter Nr. 41 bis 72 umgewandelt; die 8 bereits bestehenden Festungsregimenter wurden aufgefüllt und als Füsilierregimenter Nr. 33 bis 40 je einem Korps zugeteilt. Das Gardekorps wurde auf den entsprechenden Stand gebracht. Damit war durch die Umorganisation ohne wesentliche finanzielle Mehrbelastungen die Landwehr ihrer eigentlichen Aufgabe der Heimatverteidigung und des Kampfeinsatzes in der zweiten Linie zugeführt.

Das Abgeordnetenhaus war durch Roons überragende Leistung nicht zu überzeugen und beharrte auf seinem doktrinären Standpunkt. Die Auflösung des Parlaments und die Neuwahlen verstärkten noch die Opposition und führten eine ernsthafte Staatskrise herauf. Ein knappes Jahr nach den „herrlichen, tief ergreifenden Krönungstagen", von denen der Kronprinz begeistert in seinem Tagebuch gesprochen hatte, trug sich der König in tiefster Resignation mit Abdankungsabsichten. Roon vermittelte eine Audienz Bismarcks bei dem Monarchen am 22. September 1862, und nach einer zweitägigen ernsthaften Prüfung der Sache und des Menschen, mit dem er einen kühnen, aber ihm widerstrebenden Weg versuchen sollte, entschloß sich König Wilhelm, das Wagnis auf sich zu nehmen.

Otto von Bismarck-Schönhausen, geboren 1815 im Kreise Jerichow II, war nach juristischem Studium in den Staatsdienst Preußens getreten. Er war Mitglied des Vereinigten Landtages, des Abgeordnetenhauses von 1847 bis 1850, des Erfurter Unionsparlaments, danach preußischer Gesandter im Deutschen Bundestag in Frankfurt am Main, wo er Österreichs Deutschlandpolitik in ihren prominentesten Vertretern kennengelernt hatte. 1859 bis 1862 vertrat er Preußen als Gesandter in St. Petersburg. Seine Berichte und Reiseschilderungen aus Rußland zeichnen lebendig Hofgesellschaft, Politik und Landschaft. 1862 sandte ihn König Wilhelm als Gesandten nach Paris. Die nähere Bekanntschaft mit Napoleon III. ist Bismarck nicht weniger zugute gekommen als seine früheren Verwendungen, die er erfolgreich und mit Geschick hatte erledigen können. Niemand unter den deutschen Ministerpräsidenten und Kanzlern hat eine derart genaue Anschauung aus eigener diplomatischer Tätigkeit an den damaligen Brennpunkten europäischer Politik erwerben und für sein Land fruchtbar machen können wie Bismarck. Und doch wollte ihn der König nicht berufen. Er mißtraute ihm gründlich und hatte fast unüberwindliche Vorbehalte gegen ihn. Schließlich war es die Wiederholung einer geschichtlichen Konstellation, die bei der Wiederberufung des Freiherrn vom Stein in das Staatskanzleramt schon einmal eingetreten war: die aussichtslose Lage, der zaudernde König, die Forderungen des zu Hilfe gerufenen helfenden Staatsmanns und die fast bedingungslose Bewilligung aller Wünsche durch den Souverän. Auch Bismarck forderte und erhielt Ministerpräsidentenamt und Leitung der Auswärtigen Politik; zum Innenminister schlug er Friedrich v. Eulenburg vor, zum Landwirtschaftsminister v. Selchow. Als Finanzminister wurde Karl v. Bodelschwingh zurückberufen; das Kriegsministerium wußte er bei seinem Freund Roon in den besten Händen. Von der liberalen „Neuen Ära" war nichts mehr verblieben. Aber Bismarcks Politik war nicht nach rückwärts, sondern nach vorn gerichtet. Ein großer politischer Rationalisierungsprozeß setzte in Deutschland ein und fand zahlreiche neue Kräfte im Lande, die bisher abseits gestanden hatten. Preußische Politik fand nun nicht mehr vor den Tribünen statt, sondern auf dem Felde der auswärtigen Politik.

Die Beschränkung auf die wesentlichen Leitlinien der verantwortlichen preußischen Staatsführung als Thema dieser Ausführungen verhindert auch hier die Ausmalung eines detaillierten Genrebildes der Zeitverhältnisse auf den sich gleichzeitig weiter entfaltenden Gebieten der Wirtschaft, der Wissenschaften und Künste. Dieses hatte Preußen mit dem übrigen Deutschland gemeinsam, die Außenpolitik hingegen erforderte durchaus eigenständige Entscheidungen. Bismarck hatte aus den Erfahrungen von 1848 und 1850 die Folgerungen gezogen, daß eine deutsche Politik Preußens ohne die Rückendeckung zumindest einer Großmacht nicht erfolgversprechend sein könne. Österreich und Frankreich erschienen ihm als natürliche Gegner eines Einigungsstrebens Preußens, obwohl er sich zeitweise des Einverständnisses auch dieser Staaten hatte versichern können. Seit Olmütz aber lag der drohende Schatten Rußlands auf allen Wegen der Zukunft.

Es war einer der vielen, keineswegs zu den bedeutendsten zu rechnenden Aufstandsversuche polnischer Gruppen in Rußland, die zu lebhaft geäußerten Sympathiekundgebungen in Frankreich und England und zu stillschweigender Billigung der großpolnischen Bestrebungen in Österreich führten. Erst dadurch sah sich die russische Regierung einer Zwangslage ausgesetzt. Wenn Bismarck demgegenüber sich zu Gesprächen mit dem Zaren zwecks Abstimmung gemeinsamer Maßnahmen an der preußisch-russischen Grenze entschloß, so konnte er hoffen, das Verhältnis zu Rußland zu verbessern und zugleich die polnische Opposition in Posen zu dämpfen. Ein in diesem Sinne gehaltenes Handschreiben des Königs überbrachte dessen Generaladjutant Gustav v. Alvensleben 1863 nach Petersburg. Eines Vertragsabschlusses bedurfte es nicht; Preußen sperrte wirksam die Grenze nach Russisch-Polen. Die Aufstandsbewegung brannte aus, zugleich aber schwand der Einfluß der französischen Partei am Zarenhofe.

Die veränderte Lage zeigte sich bereits im folgenden Jahr, das zunächst wiederum mit einer alten europäischen Belastung begann. Dänemark hatte 1852 im Londoner Protokoll versichert, Schleswig nicht in den dänischen Gesamtstaat einzuverleiben. Im Gegensatz dazu folgte der neue König Christian IX. von Dänemark den Bestrebungen der „Eiderdänischen" Richtung in der Öffentlichkeit seines Landes und bestätigte eine Verfassung, die Schleswigs Vereinigung mit Dänemark vorsah. Bismarck konnte jetzt aber sicher sein, daß Rußland, anders als 1848/49, in diese Streitfrage nicht eingreifen würde. Damit entfiel zugleich eine Einwirkung Frankreichs. Der englischen Zustimmung war Preußen sicher, wenn es sich auf den Boden des Londoner Protokolls stellte. Unter solchen Vorzeichen vollzog Preußen, vereint mit Österreich und den Mittelstaaten, auf der Grundlage der Bundesverfassung die Bundes-Exekution gegen Dänemark am 7. Dezember 1863; am 23. Dezember rückten Sachsen und Hannoveraner in Holstein und Lauenburg ein; im Februar erfolgte die Offensive der Preußen und Österreicher nach Schleswig. Der Feldzug wurde aber erst nach langwieriger Belagerung und verlustreicher Erstürmung der befestigten dänischen Stellung bei Düppel entschieden. Die daraufhin ermöglichte Wegnahme der Insel Alsen und der drohende Übergang nach Fünen und Seeland machten Dänemark friedensbereit. Im Frieden zu Wien (30. Oktober 1864) verzichtete Christian IX. auf Schleswig, das an Preußen kam, sowie Holstein und Lauenburg, die an Österreich fielen, was im Vertrage von Gastein 1865 festgelegt wurde; das Herzogtum Lauenburg erhielt Preußen gegen Zahlung einer Geldsumme. Über die Erbansprüche des Herzogs Friedrich von Augustenburg auf Schleswig-Holstein sind Preußen und zunächst auch Österreich hinweggegangen, um weitere Konflikte in der schleswig-holsteinischen Frage zu vermeiden. Jedoch legte Österreich am 1. Juni 1866 formal die Entscheidung über die Erbfolge in Schleswig-Holstein dem Deutschen Bundestag vor und berief sogleich zum 11. Juni die holsteinischen Stände nach Itzehoe. Preußen war nicht willens, diesem Schritt auch für Schleswig zu folgen und sicherte Holstein einschließlich Kiel und Rendsburg sowie das Herzogtum Lauenburg militärisch. Hier entstand einer unter mehreren Anlässen für den kriegerischen Konflikt mit Österreich in demselben Jahre.

Nach der Verdrängung Preußens aus dem Führungsanspruch in Deutschland seit Olmütz hatte Österreich sich lebhafter den mittel- und norddeutschen Problemen zugewandt und trotz des Scheiterns des deutschen Fürstenkongresses folgerichtig in der schleswigschen Frage die Mehrzahl der Mitglieder des Deutschen Bundes hinter sich gebracht. Dem Einfallsreichtum des Bismarckschen Angebots an Konfliktlösungen gegenüber hat Österreich eine zunehmend reservierte Haltung eingenommen. Auf eine reinliche Trennung der Einflußgebiete: Preußen nördlich, Österreich südlich des Mains, wofür Bismarck die preußische Unterstützung zur Befestigung der österreichischen Stellung in Oberitalien anbot, ist man in Wien nicht eingegangen. Schon nach kurzer Zeit war offensichtlich, daß Österreich an Frankreich Anlehnung suchte, bereit war, Venetien an Italien zu geben und die Rheinprovinz, von Preußen gelöst, ebenso wie Schleswig-Holstein als neue deutsche Bundesstaaten zu bilden. Im Frühjahr 1866 schlossen Preußen mit Italien und Österreich mit Frankreich je einen geheimen Vertrag. Als im Juni jenes Jahres Österreich und Bayern ihren Antrag auf Mobilmachung eines Teils der Armee des Deutschen Bundes mit 9 zu 6 Stimmen durchsetzen konnten, trat Preußen aus dem Bund aus. In allen deutschen Parlamenten erhoben sich Stimmen gegen den als widersinnig betrachteten, nunmehr ausbrechenden Waffenkonflikt, der im altertümlichen Stile eines Kabinettskrieges um Macht und Land begann. Gegen Österreich (das nur teilweise durch die gleichzeitig angreifenden Italiener gebunden wurde), Bayern, Württemberg, Hannover, Sachsen, Baden, Kurhessen, Hessen-Darmstadt, Nassau, Meiningen, Reuß ältere Linie, Schaumburg-Lippe, Frankfurt am Main befand sich Preußen in einer politisch wie militärisch schwierigen Lage. Allerdings hatten sich einer Mobilmachung gegen Preußen widersetzt die Bundesmitglieder Luxemburg, alle großherzoglichen und herzoglichen sächsischen Häuser (jedoch abweichend: Meiningen), Braunschweig, beide Mecklenburg, Oldenburg, Anhalt, Lippe, Waldeck und die freien Städte (jedoch abweichend: Frankfurt am Main). Von diesen nahmen an den Kämpfen auf preußischer Seite teil: Beide Mecklenburg, Braunschweig, Anhalt, Lippe, Sachsen-Altenburg, Coburg-Gotha, Waldeck, Schwarzburg-Rudolstadt, Schwarzburg-Sondershausen sowie die Oldenburg-Hanseatische Brigade. Mehr oder weniger improvisierte Kontingentstruppen an der Seite Österreichs stellten lediglich Sachsen, Bayern, Württemberg, Baden, Hessen-Darmstadt, Kurhessen, Nassau und Hannover; zahlenmäßig standen gegeneinander in Deutschland im Felde 255000 Mann auf preußischer Seite gegen 271000 Österreicher und deren Verbündete.

Dem preußischen Heer kamen zustatten: seine leistungsfähige Mobilmachungsorganisation, seine Ausrüstung und die überlegene Infanteriebewaffnung mit dem Zündnadelgewehr, seine Gefechtstaktik der verbundenen Waffen und die Schnelligkeit seiner Bewegungen. Hierbei war das in den beiden vorangegangenen Jahrzehnten gut ausgebaute Eisenbahnnetz für Aufmarsch und Nachschub von entscheidender Bedeutung. Die Einheitlichkeit der Führung verbürgte ein strategisch hervorragend geschulter Generalstab, der sich des neuen technischen Führungsmittels des Telegraphen bediente. 3 Armeen mit einem Reservekorps zweiter Linie, 5 einzeln fechtende Detachements, auf erhebliche Entfernungen zerstreut, unterstanden dem einheitlichen operativen Willen des Generals Helmuth v. Moltke, der den Schwerpunkt auf die Entscheidung gegen die österreichische Feldarmee in Böhmen legte.

Die hannoversche Armee wurde nach anfänglichem Erfolg bei Langensalza zur Kapitulation gezwungen; die Österreicher und Sachsen erlitten bei Königgrätz durch den Flankenstoß der Armee des preußischen Kronprinzen eine schwere Niederlage. Moltkes Grundsatz „getrennt marschieren, vereint schlagen", hatte hier zum Erfolg geführt; einer Vernichtung waren jedoch die Verbündeten entgangen. Obwohl noch Nachkämpfe folgten, auch in Süddeutschland, wo die bayerische Armee und die Truppen des VIII. Bundeskorps unter anhaltenden Gefechten über die fränkische Saale an den Main zurückgedrückt wurden, setzte nun die wirksam werdende Vermittlungsaktion Kaiser Napoleons III. den militärischen Aktionen durch Vereinbarung von Waffenruhe ein Ende. Bei Preßburg blies das magdeburgische Korps am 22. Juli 1866 mitten in heftigen Kämpfen um 12 Uhr mittags das Signal „Das Ganze halt" – wie in einem Manöver.

Der politischen Gefahr, die mit dem französischen Vermittlungsschritt verbunden war, ist sich König Wilhelm nicht bewußt geworden. An der Wiederaufnahme der Feindseligkeiten mußte ihn Bismarck in aufreibenden Konferenzen, die ihn bis an den Rand des Nervenzusammenbruchs führten, hindern. Kronprinz Friedrich Wilhelm trat mit der ganzen Autorität seines nun doch sichtbar werdenden feldzugentscheidenden Sieges, über seine ideologische Gegnerschaft hinweg, an die Seite des Ministerpräsidenten. Eine schnelle Demobilmachung der Truppen war zudem durch eine rasch um sich greifende Cholera-Epidemie geboten; die preußische Armee hat 1866 weit höhere Verluste durch die Seuche als auf den Schlachtfeldern erlitten. Dem Vorfrieden von Nikolsburg folgte am 23. August 1866 der Friede von Prag.

Österreich gestand Preußen Norddeutschland bis zur Mainlinie als Einflußbereich und damit die Führung in dem außerhalb der Habsburger Monarchie liegenden Deutschland zu. Noch im Jahre 1866 aber leitete

Bismarck Schritte ein, die in der Freude des soeben erreichten Ziels in Preußen weithin nicht verstanden wurden. Schleswig-Holstein, Hannover und Hessen-Nassau (mit der Freien Stadt Frankfurt am Main) sind als je eine eigene Provinz mit dem preußischen Staat vereinigt worden, ohne daß weiter geltende dynastische oder sonstige Ansprüche anerkannt worden wären. König Wilhelm hat sich lange nicht darin fügen können, Souverän über annektierte Gebiete zu sein. Aber Bismarck ging weiter. Hatte Preußen soeben ein selbständiges, von jedem Einspruch unabhängiges, zusammenhängendes Territorium von der Maas bis an die Memel errungen, so legte Bismarck dieser Souveränität sogleich wieder Zügel an. Durch Staatsverträge wurde ein Norddeutscher Bund gegründet, unter einem nichtpreußischen Hoheitszeichen, mit einem Bundesrat, in dem Preußen 17 (einschließlich der Stimmen für Hannover, Kurhessen, Holstein, Nassau und Frankfurt) von 43 Mitgliederstimmen insgesamt zugemessen wurden, mit einem Parlament, dessen Name „Norddeutscher Reichstag" an umfassende politische Zusammenschlüsse in Deutschland erinnerte, in denen Preußen stets nur ein Teil gewesen war; mit einem Wahlrecht, das mit allgemeiner, gleicher und geheimer Stimmabgabe das fortschrittlichste seiner Zeit genannt worden ist und zu dieser Zeit in keinem deutschen Einzelstaat praktiziert wurde; mit einer Verfassung, die unmittelbar auf die Elemente der Frankfurter Reichsverfassung von 1849 zurückgriff. Nach der Verfassung des Norddeutschen Bundes von 1867 bestand das territorial zusammenhängende Bundesgebiet aus den Staaten: Preußen mit Lauenburg, Sachsen, Mecklenburg-Schwerin, Sachsen-Weimar, Mecklenburg-Strelitz, Oldenburg, Braunschweig, Sachsen-Meiningen, Sachsen-Altenburg, Sachsen-Coburg-Gotha, Anhalt, Schwarzburg-Rudolstadt, Schwarzburg-Sondershausen, Waldeck, Reuß älterer Linie, Reuß jüngerer Linie, Schaumburg-Lippe, Lippe, Lübeck, Bremen, Hamburg sowie aus den nördlich des Mains gelegenen Teilen des Großherzogtums Hessen. Alle Angehörigen der Bundesstaaten galten als Inländer, Bundesgesetze hatten Vorrang vor Landesgesetzen. Handel, Verkehr, Maße und Münzen unterlagen der Bundesaufsicht; ebenso Post, Telegraphie und das Militärwesen. Die Krone Preußen stellte das Bundespräsidium und vertrat den Bund völkerrechtlich. Zum Präsidenten des Norddeutschen Reichstages wurde Eduard Simson gewählt, der 1848/49 Präsident der Deutschen Nationalversammlung in Frankfurt am Main gewesen war.

Bereits anläßlich der Friedensschlüsse Preußens mit den süddeutschen Staaten war von dort die Anregung gekommen, entweder dem Norddeutschen Bunde sich anzuschließen (was Bismarck aus außenpolitischen Rücksichten dem Großherzog von Baden abschlagen mußte) oder sich mit ihm in Schutz- und Trutzverträgen zu verbünden; dieses geschah im August und September 1866: im Kriegsfall verpflichteten sich Bayern, Württemberg, Baden und Hessen, ihre Streitkräfte dem Oberbefehl des Königs von Preußen zu unterstellen. Die geheimen Verträge wurden im März 1867 veröffentlicht, als Frankreich das Großherzogtum Luxemburg von den Niederlanden zu erwerben trachtete. Die Offenlegung der Bündnisverhältnisse ließ Frankreich von seinen Plänen Abstand nehmen. Ein preußisch-österreichischer Vermittlungsvorschlag, einer Konferenz der Großmächte in London unterbreitet, wurde angenommen: Luxemburg wurde neutralisiert, Frankreich verzichtete auf die Erwerbsabsicht und Preußen auf das noch aus der Zeit des Deutschen Bundes herrührende Besatzungsrecht in der Festung Luxemburg. Die Gefahr war abgewendet, aber zum zweiten Mal seit 1830 war hier ein Einbruch in die Verteidigungsfront gegen Frankreich gelungen. Die größere Gefahr eines europäischen Krieges war durch Ausweichen an dieser Stelle gebannt worden. Die Folge war eine energische Neuordnung und Straffung der militärischen Kräfte des Norddeutschen Bundes. Drei neue Armeekorps (IX, X, XI) wurden aus den drei neuen preußischen Provinzen aufgestellt, ein XII. Armeekorps aus dem sächsischen Heer unter eigenem Kriegsministerium formiert.* Hatte Preußen 1867 eine Etatstärke von 264 577 Mann, so hatte sich die Friedensstärke des Norddeutschen Bundes Anfang 1870 um mehr als ein Sechstel auf 312 628 Mann erhöht. Innerhalb von drei Jahren war eine nach Bewaffnung, Ausrüstung, Ausbildung und Leistungsfähigkeit nach gleichmäßigen taktischen Grundsätzen verwendungsfähige Armee herangebildet worden, die dennoch die landsmannschaftlichen Ursprünge infolge des weiterbestehenden Rekrutierungssystems grundsätzlich nicht verleugnete oder verwischen wollte.

König Wilhelm von Preußen hatte anfangs in dem Norddeutschen Bund einen „verlängerten Arm Preußens“ sehen wollen. Er hat bald erkennen müssen, daß die politischen Gewichte sich zu verlagern begannen und daß das neue Gebilde ein Eigenleben mit besonderer Gravitationskraft zu führen anfing. Schon während der Luxemburger Krise gab es Stimmen in Bayern, die den Bund Norddeutschlands auf Süddeutschland ausdehnen wollten und von dieser größeren Grundlage her ein festes Bündnis mit Öster-

* Nach dem Eintritt Württembergs in das Deutsche Reich am 25. Nov. 1870 bildeten die württembergischen Truppen das XIII., die badischen das XIV. Armeekorps. Nur Bayern hielt an eigener Truppenzählung fest.

reich anstrebten. Bismarck waren solche Gedanken durchaus willkommen; er führte sie aber folgerichtig weiter und sah das Erfordernis einer weiteren Bündnisbindung mit Rußland schon voraus, um dessen Isolierung zu verhindern und zugleich einer gefährlichen Allianz mit Frankreich vorzubeugen. Der Plan war verfrüht, er durchzog aber als roter Faden Bismarcks Sicherheitspolitik bis zum Ende seiner Laufbahn. Nur war dieses keine preußische Politik mehr. Die Norm bestand für ihn in der einträchtigen Allianz mit Österreich, Rußland und möglichst auch England, um Frankreich von Mitteleuropa fernzuhalten. Es ist das Konzept von 1815. Die Summe der seitdem erfahrenen Möglichkeiten und Bedrohungen wird von 1813 über 1848, 1850 nach 1866 gezogen. Der Weg Preußens ins Reich war eingeschlagen. Es war ein folgerichtiges, stufenweises und beharrliches Fortschreiten in die Integration.

Die Hohenzollern-Kandidatur auf den erledigten spanischen Königsthron, die aktuelle Kurzfassung überflüssiger Schritte eines französischen Diplomaten (die „Emser Depesche“) hätten Baden, Bayern und Württemberg im Sommer 1870 nicht bewegen können, das Kriegsrisiko mit der stärksten Militärmacht Europas auf sich zu nehmen. Der Wortlaut der Schutzverträge mit Preußen hätte niemals zu Mobilmachungen geführt, wenn es darum gegangen wäre, für ein leichtfertiges diplomatisches Spiel Preußens die Kosten bezahlen zu müssen. Es ging im Sommer 1870 schon nicht mehr um territoriale Einzelbelange, um Nord oder Süd. Der französische militärische Aufmarsch im Raum Metz–Straßburg bedrohte Süddeutschland in erster Linie. Die französische Kriegsbereitschaft wurde jedoch als eine Gefahr für ganz Deutschland eingeschätzt; dagegen sind unverzügliche und übereinstimmende Maßnahmen getroffen worden. Der Norddeutsche Bund mobilisierte 982000 Mann. Die süddeutschen Staaten stellten weitere 201000 Mann, deren Oberbefehl der Kronprinz von Preußen übernahm, sie durch je ein Armeekorps aus Posen und Hessen ergänzte und mit dieser Armee die ersten entscheidenden Grenzschlachten schlug, bevor noch der eigentliche Aufmarsch vollzogen war.

Anders als im Kriege 1866 war die preußische Bewaffnung der des Gegners (Chassepot und Mitrailleuse) unterlegen. Doch mit großem Ungestüm griffen die süddeutschen und Posener Regimenter bei Weißenburg und Wörth an. Der deutsche Sieg bewirkte den seitdem fortgesetzten Rückzug der französischen Armee, war aber mit hohen Opfern erkauft. Allein in den Grenzschlachten überstiegen die Verluste auf deutscher Seite diejenigen des gesamten Feldzuges von 1866. Die Auswirkungen zeigten sich sogleich darin, daß in Österreich, Italien und Dänemark nunmehr jede Neigung schwand, sich in den Deutsch-Französischen Krieg einzumischen. Unter Moltkes Leitung wurde die französische Feldarmee innerhalb von drei Wochen in den Schlachten von Vionville – Mars la Tour und Gravelotte – Saint Privat zertrümmert, Teile in die Festung Metz geworfen, der Rest mit Napoleon III. in Sedan eingeschlossen und am 2. September 1870 zur Kapitulation gezwungen. Die stürmischen Angriffe während dieser Schlachten hatten wiederum sehr hohe Verluste, besonders an Offizieren, zur Folge; bei St. Privat wurde die preußische Garde in größter Bedrängnis durch den Kronprinzen von Sachsen und sein XII. Korps gerettet – Preußen und Sachsen, vor vier Jahren noch Gegner auf den böhmischen Schlachtfeldern, nun vereint.

Deutschlands Einigung ist auf den Schlachtfeldern Frankreichs schon zur Wirklichkeit geworden, bevor die zögernden Kabinette daraus die staatsrechtlichen Folgerungen zogen. Deutlicher als verklausulierte Verfassungsvorbehalte drückten unzählige Feldpostbriefe den einmütigen Willen aus, nunmehr nicht wieder als Bayern, Mecklenburger und Preußen, sondern als Deutsche nach dem Ende des Krieges heimzukehren.

Der Abschluß des Feldzuges war mit der Gefangennahme der französischen Armee und des Kaisers Napoleon III. noch nicht in Sicht. Die starke Festung Paris hielt sich noch, und im Süden Frankreichs entstand eine neue republikanische Armee. Die französische Flotte beherrschte die See und verhinderte den Nachschub für die deutschen Armeen auf dem Wasserwege; das durch Zerstörungen wenig leistungsfähige Eisenbahnnetz Frankreichs reichte nicht aus zur Heranführung von Belagerungsmaterial gegen Paris. Jeder Tag des unentschiedenen Abwartens vergrößerte die Gefahr von Einmischungen, zumindest anspruchsvollen Vermittlungsaktionen des Auslands. Bismarck hatte England und Rußland zu beschwichtigen, während gleichzeitig die Verhandlungen mit den süddeutschen Staaten zwecks Erweiterung des Norddeutschen Bundes zu einem gemeinsamen Staatswesen ins Stocken gerieten und auch der Widerstand konservativer Kräfte in Preußen, darunter besonders die des Königs, gegen solche Absichten zunahm.

Der Kampf um Frankreich war noch nicht entschieden, trat aber unverkennbar in sein letztes Stadium, als am 18. Januar 1871 im Spiegelsaal des Schlosses von Versailles von den versammelten deutschen Fürsten die Wiederherstellung des Deutschen Reiches ausgerufen wurde. Der König von Preußen als erwählter Deutscher Kaiser übernahm so viel an Verpflichtungen für das Ganze, wie ihm von der Souveränität Preußens verlustig ging; im Glanz der neuen Würde hat Kaiser Wilhelm I. sehr wohl gewußt, daß er der letzte preußische König gewesen ist und daß der Zuwachs an Kraft nunmehr von dem Reich kommen müßte, hinter dem der preußische Staat als eine bereits historisch gewordene Erscheinung zu versinken begann.

VII. EPILOG: PREUSSEN UND DEUTSCHLAND

Preußen war nunmehr in Deutschland aufgegangen, wie es Friedrich Wilhelm IV. schon 1848 gewünscht hatte. Das Königreich Preußen umfaßte in dem seit 1866 vergrößerten Umfang und ebenso nach dem Stande von 1871: 348658 qkm mit 24,6 Millionen Einwohnern; die Gesamtfläche des neuen Deutschen Reichs betrug 1871: 540742 qkm mit 41,1 Millionen Einwohnern. Preußen stellte demnach sowohl an Fläche wie an Bevölkerung etwas mehr als die Hälfte des Umfangs und der Bewohnerschaft des Deutschen Reichs. Dieses Verhältnis blieb in den folgenden Jahrzehnten etwa gleich.

Mit großen Erwartungen waren die Zielsetzungen, mit Enttäuschung die Einsicht in die Undurchführbarkeit der hochgemuten Pläne Preußens innerhalb der deutschen Geschichte des 19. Jahrhunderts begleitet worden. Wie sich das Verhältnis des Einzelgliedes Preußen zum Gesamtgebilde Deutschland im Laufe der Geschichte gestaltet hat, welche Folgen und Nachwirkungen für beide Seiten daraus sich ergaben, ist am Ende dieses Überblicks zu fragen.

Es ist oft übersehen worden, daß die Wiederbegründung des Deutschen Reiches am 18. Januar 1871 eine freie Vereinbarung souveräner deutscher Fürsten gewesen ist. Unbestreitbar bleibt, daß die Häuser Wettin und Wittelsbach sowie die 1870 nur noch durch eine Nebenlinie an der Reichsgründung beteiligten Welfen Königskronen schon zur Zeit des Alten Reichs, nicht erst im Deutschen Bund, getragen haben und der Kaiserkrone der Habsburger am nächsten standen. Daß die Hohenzollern zu dem Lande Preußen kamen und den Preußennamen über die Namen aller ihrer übrigen Länder stellen konnten, verdankten sie ihrem steilen Aufstieg seit dem 16. Jahrhundert, wobei sie auch die benachbarten Wettiner überholten und zu dem machtvollsten Reichsfürstengeschlecht wurden.

Verständlich, daß die starken Querverbindungen eines Fürstenhauses, das nicht nur norddeutsche Besitzungen, sondern auch solche in Mittel- und Süddeutschland umfaßte und eng zusammenhielt, bedeutende Voraussetzungen für eine politische Stellung innerhalb des Reiches und neben dem Kaisertum der Habsburger boten. Jahrhundertelang erwiesen sich dynastische Verbindungen und Erbansprüche als wesentliche Bestandteile der Politik. Davon hing meist allein das Schicksal der Länder und Bewohner ab.

Eine Stellungnahme gegen das Kaiserhaus ist seit den Anfängen der Hohenzollern nicht sichtbar; vielmehr haben diese ihren sehr unkriegerischen Aufstieg ebenso der eigenen Rechenhaftigkeit und sparsamen Haushaltsführung wie der Gefolgschaftstreue und Verläßlichkeit in allen Reichsangelegenheiten und letztlich einer geschickten Heiratspolitik zuzuschreiben gehabt. Ihre achtunggebietende Stellung mußte jedoch einem weitflächigen Land mit meist kargem Boden ohne besondere Reichtümer abgerungen werden.

Das Preußenland, aus geistlichem Besitz des Deutschen Ordens an die Brandenburger übergegangen, wurde gegen mancherlei Ansprüche beharrlich festgehalten. Wie seine Vorgänger, so hat auch der Große Kurfürst Friedrich Wilhelm ein persönliches Verhältnis zu Preußen entwickelt, hat es aus schwedischen und polnischen Bindungen befreit und im Kampf gegen beide Mächte gesichert; seine Enkel und Urenkel schützten es mit gleicher Energie vor der Begehrlichkeit der Russen.

Preußen war somit bereits fast bevorzugter Gegenstand der vertraglichen und kämpferischen Behauptung durch Brandenburg gewesen, als es am Anfang des 18. Jahrhunderts jene Bedeutung für die Hohenzollern erhielt, die seinem Namen in kurzer Zeit europäische Geltung zu verschaffen wußten.

Der Weg Preußens in das Deutsche Reich hinein war von den Beispielen und Erfahrungen seiner Geschichte begleitet. Brandenburg-Preußens Vergangenheit wurde nicht zur Seite gelegt, vielmehr in den Aufbauprozeß eingebracht. Gewiß entsprang der berühmte Ausspruch des Großen Kurfürsten: „Gedenke, daß Du ein Deutscher bist!" nicht einem nationalen Pathos, wenn auch in dem Flugblatt, das diesen berühmten Satz enthält, der „ehrliche Deutsche" angesprochen und für die brandenburgischen Belange interessiert werden sollte. Auch Friedrich der Große war von einer Absicht, das deutsche Kaisertum zu erstreben, weit entfernt. Daß er persönliche Bewunderer auch im sächsischen, vor allem aber im österreichischen Lager gehabt hat, entschärfte die Fronten. Die Stein-Hardenbergschen Reformen haben in vielen Punkten an die friderizianische Staatsgestaltung anknüpfen können. Getragen von Staatsmännern und Militärs preußischer und außerpreußischer Herkunft, sind neben die staatlichen Verwaltungsreformen auch nicht wenige Entwürfe für eine allgemeine deutsche Verfassung getreten. Man würde diese Blickrichtung mißverstehen, wertete man sie als „Politische Romantik" ab. Denn das Stein-Hardenbergsche, über

Preußen hinaus bedeutsame Reformkonzept ist ein Jahrhundertprogramm, innerhalb von sechs Monaten in allen Entwürfen unterschriftsreif erarbeitet, und in den letzten Teilen ausgefeilt erst 80 Jahre später Gesetz geworden.

Einen treffenden Ausdruck von jener auf das Ganze gerichteten Tätigkeit gab der aus Lemgo stammende, in Königsberg als Mitarbeiter Humboldts an der Bildungsreform arbeitende Johann Wilhelm Süvern, der im Augenblick des Zusammenbruchs im Jahre 1807 schrieb: „Ich für meinen Teil schäme mich nicht zu bekennen, daß ich der großen Hoffnung lebe, weder Deutschland noch Preußen habe seine Bestimmung in der Geschichte schon vollkommen erfüllt; sondern reiner, sich ihres Zieles bewußter und kräftiger, werden beide sie wieder aufnehmen, und mit erhöhter Würde, in schönerem Glanz werden sie aus der Läuterung hervorgehen." Und der Königsberger Staatsrechtslehrer Friedrich Sietze stellte in seinen Grundbegriffen der Preußischen Staats- und Rechtsgeschichte um 1840 den Satz auf: die deutschen Stämme insgesamt hätten mit allen europäischen Völkern den engsten Zusammenhang, Preußen wiederum vereinige in sich alle deutschen Stämme, so daß es recht eigentlich den Inbegriff der Staatenwelt Europas verkörpere. Eben dieses ist die politische Grundanschauung König Friedrich Wilhelms IV. von Preußen gewesen, der keineswegs mit seiner Proklamation von 1848 allein stand, sondern breiter Zustimmung sicher sein durfte. Er war der Sohn des Gründers von drei preußischen über die Landesgrenzen wirkenden Universitäten, der zudem die bis dahin umfassendste deutsche Reformbewegung mitgetragen hatte – ohne Aufwand, still und bescheiden –, der eine bis heute nicht verbesserungsbedürftige Kirchen-Union einführte und mit der Zoll-Union das große deutsche Einigungswerk unter Preußens Führung praktisch begann. In solcher Nachfolge stand Friedrich Wilhelm IV. in einer fast modern-provozierenden, aber menschlich sehr glücklichen, wenn auch im Ausgang tragischen Ehe mit einer bayerischen katholischen Prinzessin, die bewundernswert in allem zu ihrem Gatten hielt – damit die Nord-Süd-Komponente im Hohenzollernhaus noch einmal unterstreichend, die bereits durch die Stammburg und den kaiserlichen Lehnsauftrag in der Kurmark vor nunmehr über 570 Jahren vorgezeichnet war.

In der hannoverschen Geschichte vor 1866 ist ein hohes, fast überschwengliches Maß an Sympathie und übertriebener Erwartung spürbar, das den preußischen Unionsbestrebungen der 50er Jahre des vorigen Jahrhunderts entgegengebracht wurde. Wiederum stand die schwerwiegende Entscheidung: Legitimität oder Reform vor dem Leiter der preußischen

Politik, als Bismarck 1866 die Auflösung des Deutschen Bundes erzwang und durch die Einziehung von Schleswig-Holstein, Hannover, Hessen und Nassau das einzelstaatliche Selbstgefühl in Deutschland notwendig verletzen mußte. Es hat mehr als eine Generation lang gedauert, bis, durch die Wiederbegründung des Deutschen Reiches überdeckt, dieser tragische Konflikt abgebaut werden konnte. Noch lange blieb das Bewußtsein erlittenen Unrechts in Erinnerung und wurde von Zeit zu Zeit wieder geweckt. Dem steht als Erfahrung der damaligen Wirklichkeit gegenüber, daß die Wahlen zum Norddeutschen Reichstag gerade in den letztgenannten neuen Provinzen zu einem überwältigenden Vertrauensbeweis für Bismarcks Politik führten; da diese die ersten allgemeinen, gleichen und geheimen Wahlen auf deutschem Boden überhaupt darstellten, hat man nicht zu Unrecht von einem Plebiszit gesprochen.

Eine solche Ereigniskette ist nicht erst in rückschauender Betrachtung, sondern bereits den miterlebenden Zeitgenossen als ein fast organisch zu nennender Vorgang erschienen, als Ergebnis dessen, was Bismarck sich zum Ziel seiner preußischen Politik gesetzt hatte: den Gebrauch der vorhandenen Kräfte dieses Staates. Ein solcher Gebrauch meinte aber eben die von Preußen damals erwartete Übernahme deutscher Aufgaben.

Im europäischen Gesamtrahmen war Preußen während der Befreiungskriege unentbehrlich geworden und hatte die Hauptlast des Kampfes getragen. Die Einsicht in die Kraft dieses Staates war es gewesen, wodurch die britische Diplomatie auf dem Wiener Kongreß veranlaßt worden war, ihre dem preußischen Staat zugedachten Aufgaben hoch anzusetzen: ihn die Rheinprovinz im Westen übernehmen zu lassen. Es ging damals aber auch schon um die Sicherheit Mitteleuropas gegenüber dem Osten.

Es kennzeichneten die preußischen Provinzen in Ost und West jedoch auch im Inneren ihre besonderen Strukturen und ein jeweils eigentümlicher Charakter. Schon bevor Preußen zu einem Gesamtstaat wuchs, hatten die Einzellandschaften ihre zum Teil recht bedeutende eigene Geschichte. Zu einem politischen Körper wurden sie erst nach dem Dreißigjährigen Kriege, als nach Aushöhlung des altdeutschen Kaisertums der Wiederaufbau des modernen staatlichen Lebens nur von den Einzelterritorien her möglich war; Preußens Aufstieg begann unter partikularen Vorzeichen. Es ist aber nicht zu unterschätzen, was alles noch an regionalen Besonderheiten, Privilegien, Vorbehalten und Huldigungskonzessionen vorhanden war und berücksichtigt werden mußte; erst langsam und auf Umwegen ist eine allmähliche Angleichung der preußischen Einzellandschaften aneinander erreicht worden. Entscheidend für die politische Wirkung wurde die jeweilige Zusammenfassung der Kräfte, und neben die Energie, die sich auf die jeweils wichtige Aufgabe konzentrierte, trat der mehrfach wiederholte Ansatz zur Erneuerung des Staates von innen. Hier sind mancherlei Erfahrungen und Vorbilder von den „preußischen Ländern" (oder gar „Staaten", wie bezeichnenderweise noch im 19. Jahrhundert diese monarchisch zusammengehaltene Vielfalt genannt wurde) auf die deutschen Nachbarterritorien übergegangen, am sinnfälligsten in Montur, Ausrüstung und Bewaffnung der Armeen, lange vor den Kontingents- und Militärverträgen des 19. Jahrhunderts. Die bereite Aufnahme des Modernen, die Verschmelzung mit dem jeweils Notwendigen und Fortschrittlichen, die sofortige Folgerung aus Erfahrungen war eben nicht eine opportunistische Verbindung mit dem jeweils Modischen und Zeittypischen, vielmehr und bedeutender eine Umwandlung des Gegenwärtigen in das Zukünftige hinein, sichtbar im Ausbau der Behördenverfassung, im Allgemeinen Landrecht, in den liberalen Staatsreformen und deren Fortführung ebenso wie im Ausgleich der Konfessionen und der Abendmahlsgemeinschaft zwischen Lutheranern und Calvinisten. Es war nichtsdestoweniger ein mühsamer und oft aufgehaltener, wenngleich folgerichtiger Weg, den das preußische Staatswesen durch die deutsche Geschichte nahm.

Während des Krimkrieges hielt man Preußen einer bedeutenden politischen Tat nicht für fähig und die Neutralität für einen Ausdruck der Schwäche. Noch im Jahre 1860 hatte die „London Times" wohl allgemein auf Zustimmung rechnen können, wenn sie schrieb: „Preußen . . . hat niemals den Willen, sich selbst zu helfen; . . . es ist anwesend auf den Kongressen und abwesend auf den Schlachtfeldern . . . Preußen hat eine große Armee, aber diese ist bekanntermaßen kampfuntüchtig . . . Wie Preußen eine Großmacht wurde, erzählt uns die Geschichte; warum Preußen eine Großmacht bleibt, vermag niemand zu begreifen. Preußen kann ohne Hilfe von auswärts weder den Rhein noch die Weichsel auch nur einen Monat gegen einen ehrgeizigen Nachbarn verteidigen." In dieser erstaunlichen Diagnose von 1860 ist zugleich angedeutet: Auch für den östlichen Nachbarn hat Preußen niemals eine Bedrohung bedeutet. Es ist bezeichnend, daß das Schlagwort vom „deutschen Drang nach Osten" sich nicht mit Preußen identifiziert und überhaupt erst 1867 in der russischen Publizistik auftritt, um von dort in die Pariser Presse zu gelangen. Insofern war die Überraschung, die durch die drei kraftvoll und überlegt geführten, diplomatisch glänzend vorbereiteten und begleiteten Einigungskriege in ganz Europa hervorgerufen wurde, nicht gering und der friderizianischen Abweichung von einem liebgewordenen und bequemen Bild vergleichbar.

Entscheidend aber wurde es jedesmal, daß Preußen zum Einsatz und Opfer bereit war. Denn die Wirklichkeit des geschichtlich wirksamen Lebens ist immer eine Abfolge von Anstrengungen und Erschöpfungen, von Schüben und Stößen, von Zerbrechen und Aufbauen und hinterläßt als Erfahrung, daß kein historischer Ertrag ohne Entscheidung, Härte und Einseitigkeit möglich ist, jedes Erbe nicht nur Gewinn, sondern auch Belastung darstellt.

Die Reichsverfassung von 1871 beendete Preußens Dasein als souveräner Staat. Das Reich war eine Summe von Einzelstaaten mit gemeinsamer Verteidigung, Außenpolitik, Währung, Zöllen. Zögernd nur erfolgte die Bildung von Reichsämtern, und erst der unerbittliche Zwang des Ersten Weltkrieges hat der Zentralisierung und der Ausbildung von Reichsministerien Vorschub geleistet, so daß der „Dualismus Reich – Preußen" zu einem Kennzeichen der Innenpolitik der Weimarer Republik wurde. Doch die Reichsreformpläne von Hugo Preuß, der Preußen zerschlagen und in Einzelländer auflösen wollte, stießen auf den heftigen Widerstand besonders des preußischen Ministerpräsidenten Otto Braun. Preußen blieb bis zum Ende des Deutschen Reiches der Hauptträger der inneren, auf das gesamtstaatliche Interesse abgestellten Reichspolitik. Der Nachteil des Fehlens eines solchen verbindenden Gliedes macht sich in der praktischen Durchführung der Verfassungsbestimmungen der Bundesrepublik Deutschland oft störend bemerkbar, wobei die Bundesorgane, ohnehin schwach entwickelt, auf ein stets gleichbleibend loyales Verhalten der Einzelländer angewiesen sind. Preußen hingegen hatte die Aufgabe, einen tragfähigen Unterbau für das innere Reichsgefüge zu bilden, erfüllen können.

Die in der Öffentlichkeit vielfach übliche Fragestellung an die preußische Vergangenheit zielt auf die Interpretation des Geschehens, sogar auf Veränderung, wenigstens Akzentuierung der Tatsachen. Das Geschehen selbst wird davon nicht mehr berührt werden können; die Tradition aber wird abwechselnd in Licht und Dunkel getaucht: Das „reaktionäre" Preußen erscheint als ein schlimmeres Schreckgespenst als einst das Metternichsche Österreich; das Preußenbild des Marxismus engt sich auf die vierziger Jahre des 19. Jahrhunderts ein, von dem aus alles vorher und nachher bestimmt werden soll; die als Übermut erscheinende Reichsverdrossenheit nach 1871, die Simplizissimus-Karikaturen der Epigonen, die auf die altväterliche Art herabsehen zu können meinten, die gegnerische Kriegspropaganda zweier Weltkriege – sie haben das historische Bild immer mehr zu einem Zerrbild werden lassen. Dem deutschen öffentlichen Leben fehlt die Unbefangenheit, mit der in Frankreich, England und neuerdings auch Rußland die geschichtlichen Epochen als Bestandteile des nationalen Daseins aufgefaßt werden. Zu bedenken bleibt freilich, daß der durch die gegenwärtige politische Lage erzwungene Mangel an topographischer Anschaulichkeit und der nur bedingt mögliche Zugang zu den Geschichtsquellen eine wissenschaftliche Beschäftigung mit der preußischen Geschichte erschwert.

Indessen gibt es jetzt noch eine Forschungskontinuität. Wird diese fallengelassen oder unterbrochen, so dürfte es die nachfolgende Generation schwerer haben, zu einem nachprüfbaren Geschichtsbild zu gelangen.

Preußen erhielt von jeher seine stärksten Anwälte in den Nichtpreußen. Der Thüringer Leopold von Ranke hat sich der preußischen Geschichte als eines immanenten Prinzips der Weltgeschichte angenommen, und der Sachse Heinrich von Treitschke die politische Energie des 19. Jahrhunderts vornehmlich in diesem staatlichen Gebilde gesehen, ohne daß er hierbei in eine fremde Welt einzudringen brauchte; vielmehr empfand er das Objekt seiner Darstellung als ein in natürlicher Weise auch seinem Lebensbereich Zugehöriges. Der zum Märker gewordene Hugenotten-Nachfahre Theodor Fontane hat so feinsinnig wie niemand vor oder nach ihm den Wandlungsprozeß Preußens im neuen Reich beobachtet und das festzuhalten gesucht, was ihm überlieferungswert erschien, obwohl es schon verblaßt und dem Untergang geweiht war. Preußen hat zu Fontanes Lebzeiten zum letzten Mal literarisch Gestalt gewonnen, in einer Deutlichkeit der Beobachtung und Gültigkeit in der Aussage, die historiographischen Wert hat, weil sie unwiederholbar ist in ihrer Atmosphäre des Abschieds.

Es ist daran zu erinnern, daß auch nach der großen deutschen Teilung von 1945 in allen gegenwärtigen Ländern der Bundesrepublik Deutschland Rest-Stücke des ehemaligen preußischen Staates vorhanden sind, die in territorialer und verwaltungstechnischer Hinsicht als selbstverständlich geerbte Bestandteile in unsere Gegenwart hineingenommen worden sind und dem aufmerksamen Beobachter dort noch unter vielfältigen Aspekten entgegentreten: in Baden-Württemberg die Hohenzollernschen Stammlande, territorial gesprochen der preußische Regierungsbezirk Sigmaringen; in Bayern die markgräflich hohenzollernschen Fürstentümer Ansbach, Bayreuth und Kulmbach; in Hessen die preußische Provinz Hessen-Nassau; in Rheinland-Pfalz die preußischen Regierungsbezirke Koblenz und Trier; im Saarland frühere Teile der Rheinprovinz; in Nordrhein-Westfalen die größten Teile der früheren Provinzen Rheinland und Westfalen; in Niedersachsen die frühere preußische Provinz Hannover; in Schleswig-Holstein die frühere preußische Provinz Schleswig-Holstein bzw. der Regierungsbezirk Schleswig; in Hamburg die ehemaligen preußischen Städte Altona,

Wandsbek und Harburg-Wilhelmsburg sowie 27 Landgemeinden; in Bremen die Stadt Bremerhaven sowie mehrere Gemeinden im Südosten der Stadt aus früher hannoverschem bzw. preußischem Besitz. Schließlich waren auch Lübeck mit seinem Territorium und Eutin noch 1937 in preußische Verwaltung übernommen worden, und im gleichen Jahre auch das oldenburgische Birkenfeld. Hier liegen noch Zusammenhänge, Bindungen und Verbindungen, die nicht zufällig sind, sondern tief in die Geschichte zurückreichen und ihre generationenlangen Wirkungen gezeitigt haben.

Von einer Ideologie, von einem Etikett her, die den unbefangenen Zugang versperren, wird die Struktur des preußischen Staates, sein Verhältnis zu den Nachbarn und Konfessionen nicht verständlich gemacht werden können. Die Herkunft der Meinungen, die Grundlage des Urteils muß neu geprüft und daher zunächst die Kenntnis verbreitert werden. Bis zum sicheren Bildungsbesitz im Geschichtsbewußtsein der jetzt wirkenden, erst recht der künftigen Generation ist es freilich ein weiter Weg. Es wird stärkerer Anstrengungen bedürfen, um Verlorenes und Verschüttetes wiederzuentdecken und das einst Selbstverständliche, nunmehr neu gewonnen und geläutert, zu einem unverrückbaren Bestandteil unserer Tradition zu machen – bis die Vergangenheit als ein untrennbarer Teil unseres Lebens erkannt wird und auch im Geschichtsbild Preußen in Deutschland aufgeht.

ZEITTAFEL DER WICHTIGSTEN PREUSSISCHEN GEBIETSERWERBUNGEN

1415 Nach dem Aussterben der Askanier 1320 kam die Mark Brandenburg bald an die Luxemburger und wurde 1356 als Kurfürstentum bestätigt. 1411 überträgt Kaiser Sigismund dem Burggrafen von Nürnberg Friedrich VI. von (Hohen-)Zollern die Verwaltung der Mark Brandenburg. 1415 erfolgte die Belehnung als Friedrich I. Markgraf von Brandenburg mit der erblichen Kurwürde.

1525 Der 1511 zum Hochmeister des Deutschen Ordens gewählte Markgraf Albrecht von Brandenburg-Ansbach wandelt das Ordensland Preußen in ein erbliches hohenzollernsches Herzogtum unter polnischer Lehnshoheit um.

1614 Im Vertrag von Xanten erhält Kurbrandenburg: Cleve, Mark und Ravensberg.

1618 Kurbrandenburg erwirbt durch Erbschaft das Herzogtum Preußen.

1640–1688 Friedrich Wilhelm, der Große Kurfürst von Brandenburg, hatte 1648 die Erbnachfolge in Hinter-Pommern antreten und 1656 in Verträgen mit Schweden und Polen die volle Souveränität über das Herzogtum Preußen erreichen können. Dies wird 1660 im Frieden von Oliva bestätigt und garantiert; zugleich die Anwartschaft auf Elbing. Lauenburg-Bütow und Draheim sind 1657 brandenburgisch. Als Ausgleich für Vorpommern fielen die säkularisierten Bistümer Minden und Halberstadt an Brandenburg, sowie die Anwartschaft auf das Erzbistum Magdeburg, das 1680 an Brandenburg kommt einschl. einem Teil von Mansfeld und dem Saalekreis mit Halle.

1688/1691 Die litauischen Herrschaften Tauroggen und Serrey fallen durch Erbschaft an Brandenburg.

1701 Krönung des Kurfürsten von Brandenburg Friedrich III. zum König in Preußen in Königsberg.

1702–1707 Aus der oranischen Erbschaft und durch Kauf erwirbt Preußen: Lingen, Moers (mit Krefeld), Neuenburg (mit Valangin), Obergeldern (mit Viersen), Tecklenburg.

1713–1740 König Friedrich Wilhelm I.

1720 Preußen erwirbt durch Vertrag Vorpommern bis zur Peene mit Stettin von den Schweden.

1723 Einrichtung der General-Kriegs-Finanz- und Domänendirektion als oberste Verwaltungsbehörde in Preußen.

1740–1786 König Friedrich II. der Große.

1742 Im Frieden von Breslau erhält Preußen den größten Teil Schlesiens und die Grafschaft Glatz. Der Friede von Dresden (1745) bestätigt diesen Besitzstand.

1763 Am Ende des Siebenjährigen Krieges, den Preußen als Verbündeter Englands führte, wird im Frieden von Hubertusburg der Besitz Schlesiens und der Grafschaft Glatz im bisherigen Umfang für Preußen bestätigt.

1772 Preußen erwirbt im Vertrag von St. Petersburg das Ermland, Westpreußen (ohne Danzig und Thorn) und den Netzedistrikt mit Bromberg.

1786–1797 König Friedrich Wilhelm II.

1791 Preußen gewinnt durch Erbfall Ansbach und Bayreuth, muß diesen Besitz aber 1805/1807 an Bayern abtreten.

1793 Preußen erhält durch Vertrag Danzig und Thorn, Süd-Preußen und Neu-Schlesien.

1795 Preußen erhält vorwiegend litauische Gebiete durch Vertrag und fügt diese seinem Staat als Neu-Ostpreußen ein.

1797–1840 König Friedrich Wilhelm III.

1807 Im Frieden von Tilsit muß Preußen auf alle Besitzungen westlich der Elbe verzichten, ebenso auf die 1793 und 1795 erworbenen Gebiete im Osten.

1815 Im 2. Pariser Frieden und durch Beschluß des Wiener Kongresses erhält Preußen das Großherzogtum Jülich-Cleve-Berg, das Großherzogtum Niederrhein, das Großherzogtum Posen, die Provinz Sachsen; die Provinz Westfalen und das Fürstentum Neuenburg werden wiedererstattet. Südpreußen (außer Posen), Neu-Schlesien und Neu-Ostpreußen müssen Rußland zur Verfügung gestellt werden.

1815 Von Dänemark erwirbt Preußen Schwedisch-Vorpommern mit Stralsund und Rügen. Preußen schließt die Heilige Allianz mit Rußland und Österreich und tritt in den Deutschen Bund ein.

1840–1861 König Friedrich Wilhelm IV.

1850 Die hohenzollernschen Fürstentümer Sigmaringen, Hechingen und die Grafschaft Veringen kommen durch Familienverträge an Preußen.

1853 Preußen erwirbt das Jadegebiet und legt den befestigten Hafen Wilhelmshaven an.

1857 verzichtet Preußen auf seine Rechte an Neuenburg mit Valangin.

1858/1861–1888 Übernahme der Regentschaft (1858) und Krönung (1861) König Wilhelms I.

1864 Deutsch-dänischer Krieg. Im Frieden von Wien kommt Schleswig an Preußen.

1865 Österreichisch-preußischer Vertrag von Gastein: Das Herzogtum Lauenburg wird an Preußen verkauft.

1866 Das im deutsch-dänischen Krieg 1864 gewonnene Schleswig-Holstein und Lauenburg wird im Frieden von Prag im vollen Umfang Preußen überlassen. Schleswig-Holstein wird neue preußische Provinz, ebenso Hannover und Hessen-Nassau. Preußen erzwingt die Auflösung des Deutschen Bundes und bildet aus den deutschen Staaten nördlich des Mains den „Norddeutschen Bund".

1871 Wiederbegründung des Deutschen Reichs. König Wilhelm I. wird Deutscher Kaiser.

1888 Friedrich III. Deutscher Kaiser und König von Preußen.

1888–1918 Wilhelm II. Deutscher Kaiser und König von Preußen.

1890 Bismarcks Entlassung als Preußischer Ministerpräsident. Helgoland wird preußisch (Prov. Schleswig-Holstein).

1918 Wilhelm II. dankt als Deutscher Kaiser und König von Preußen ab. Damit erlischt die Hohenzollern-Dynastie.

1947 Förmliche Auflösung des Staates Preußen durch Kontrollratsbeschluß.

DIE KÖNIGSREIHE
DER HOHENZOLLERN IN PREUSSEN

Friedrich Wilhelm (der „Große Kurfürst")
*1620 Kurf. 1640–1688 †
∞ (1) Luise Henriette v. Nassau-Oranien

Friedrich III. (König Friedrich I.)
*1657 Kurf. 1688, Kg. 1701–1713 †
∞ (2) Sophie Charlotte v. Hannover

Friedrich Wilhelm I.
*1688 Kg. 1713–1740 †
∞ Sophie Dorothea v. Hannover-Großbritannien

Friedrich II. (der Große)
*1712 Kg. 1740–1786 †
∞ Elisabeth v. Braunschweig-Wolfenbüttel

(August Wilhelm)
*1722 †1758
∞ Luise v. Braunschweig-Wolfenbüttel

Friedrich Wilhelm II.
*1744 Kg. 1786–1797 †
∞ (2) Friederike v. Hessen-Darmstadt

Friedrich Wilhelm III.
*1770 Kg. 1797–1840 †
∞ (1) Luise v. Mecklenburg-Strelitz

Friedrich Wilhelm IV.
*1795 Kg. 1840–1858, 1861 †
∞ Elisabeth v. Bayern

Wilhelm I.
*1797 Reg. 1858, Kg. 1861, Ks. 1871–1888 †
∞ Augusta v. Sachsen-Weimar

(Friedrich Wilhelm) Friedrich III.
*1831 Kg. u. Ks. 1888 †
∞ Viktoria v. Großbritannien

Wilhelm II.
*1859 Kg. u. Ks. 1888–1918, 1941 †
∞ (1) Auguste Viktoria v. Schleswig-Holstein

LITERATURHINWEISE

Berichte

Hubatsch, Walther: Preußen als internationales Forschungsproblem, in: Geschichte in Wissenschaft und Unterricht, 1962, S. 71–86.

–: Akzente der Preußenforschung heute, in: Neue Forschungen zur Brandenburg-Preußischen Geschichte 1, Köln 1979 (Veröff. aus d. Archiven Preuß. Kulturbesitz 14), S. 295–314.

Schrifttum

Berner, Ernst: Geschichte des preußischen Staates, 2. Aufl. Bonn 1896.

Bitter, Rudolph von (Hrsg.): Handwörterbuch der preußischen Verwaltung, 2 Bde., 1906, 2. Aufl. 1911, 3. Aufl. hrsg. v. Bill Drews und Franz Hoffmann, Berlin 1928.

Bornhak, Carl: Preußische Staats- und Rechtsgeschichte. 1903.

Braubach, Max: Der Aufstieg Brandenburg-Preußens 1640–1815, Freiburg i. Br. 1933.

Cosel, E. von: Geschichte des preußischen Staates und Volkes, 8 Bde., Leipzig 1869–1876.

Droysen, Johann Gustav: Geschichte der preußischen Politik [bis 1756]. 5 Teile in 14 Bänden, Leipzig 1855–1886.

Haffner, Sebastian: Preußen ohne Legende, Hamburg 1978.

Hartung, Fritz: Studien zur Geschichte der preußischen Verwaltung, Berlin 1942–1948 (Abhandlungen der Akademie der Wiss. zu Berlin. Phil. hist. Kl. 1941 Nr. 17, 1943 Nr. 4, 1945/46 Nr. 8).

Heinrich, Gerd: Geschichte Preußens. Staat und Dynastie. Frankfurt a. M. 1981.

Hinrichs, Carl: Preußen als historisches Problem, hrsg. v. Gerhard Oestreich, Berlin 1964.

Hintze, Otto: Die Hohenzollern und ihr Werk, Berlin 1915, Neudruck Moers 1979/80.

–: Geist und Epochen der preußischen Geschichte, Leipzig 1943 (Gesammelte Abhandlungen 3). Neu hrsg. v. Gerhard Oestreich. Göttingen 1962–1967.

Hubatsch, Walther: Preußen, in: Geschichte der deutschen Länder („Territorien-Ploetz“); hrsg. v. Georg Wilhelm Sante, Band 2, Würzburg 1971, S. 70 bis 89.

Hubatsch, Walther, und Friedrich Wilhelm Wehrstedt: Preußische Zentralbehörden und Unmittelbare Gebiete Preußens Marburg/L. 1978 (Grundriß zur deutschen Verwaltungsgeschichte 1815–1945, Bd. 12).

Hue de Grais, Robert: Handbuch der Verfassung und Verwaltung in Preußen und dem Deutschen Reich. Berlin 1881, 23. Aufl. 1926.

Kaehler, Siegfried: Die Problematik der preußischen Geschichte im 19. Jahrhundert. – Das preußisch-deutsche Problem seit der Reichsgründung, in: Studien zur deutschen Geschichte des 19. und 20. Jahrhunderts; hrsg. v. W. Bußmann, Göttingen 1961, S. 336–352 und S. 204–219.

Krug, Johann Leopold: Die preußische Monarchie, topographisch, statistisch und wirtschaftlich dargestellt, Berlin 1833.

Meinecke, Friedrich: Preußen und Deutschland im 19. und 20. Jahrhundert, München 1918.

Pierson, William: Preußische Geschichte, 2 Bde., 10. Aufl. Berlin 1911.

Prutz, Hans: Preußische Geschichte, 4 Bde., Stuttgart 1899–1902.

Ranke, Leopold von: Zwölf Bücher Preußischer Geschichte [bis 1745], 5 Bde., 2. Aufl. 1879; neu hrsg. v. G. Küntzel in 3 Bänden 1930.

Schmoller, Gustav: Preußische Verfassungs-, Verwaltungs- und Finanzgeschichte, Berlin 1921.

Schoeps, Hans-Joachim: Preußen. Geschichte eines Staates, Berlin 1966.

–: Preußen. Bilder und Zeugnisse. 230 Abbildungen. Berlin 1967.

Schubert, Friedrich Wilhelm: Handbuch der allgemeinen Staatskunde des preußischen Staates. 1846–1848.

Schultze, Johannes: Forschungen zur brandenburgischen und preußischen Geschichte, Berlin 1964.

Stenzel, Gustav Adolf Harald: Geschichte des preußischen Staates [bis 1763], 5 Bde., Hamburg und Gotha 1830–1854.

Tümpel, Ludwig: Die Entstehung des brandenburgisch-preußischen Einheitsstaates im Zeitalter des Absolutismus (1609–1806), Breslau 1915, Neudruck Aalen 1965 (Untersuchungen z. deutschen Staats- und Rechtsgeschichte 124).

REGISTER*

* Erstellt unter Mitarbeit von Iselin Gundermann.